ROBERT TESSIER

Votre bonheur durable

La recette gagnante basée sur plus de 135 000 témoignages

LES ÉDITIONS
Québecor
Une société de Québecor Média

DÉDICACE

Je dédie ce livre à la personne qui m'a le plus influencé durant mon existence, mon tendre amour, la femme de ma vie, ainsi qu'à mes fils, à leurs conjointes et à mes petits-enfants.

Vous êtes ma force et mon équilibre.

J'aimerais vous présenter cette merveilleuse famille :

Son pilier : mon épouse bien-aimée, Nicole Labonté

Nos sept beaux garçons et leurs magnifiques compagnes :

Georges et Yolande D'astous
Daniel et Dany St-Pierre
Michel et Marylène Plante
Laurent et Francine Leduc
Robert Jr et Anne-Marie Lépine
Dan et Ann Mc Arthur
Mike et Christine Marcoux

Et nos vingt et un fabuleux petits-enfants :

Mélanie	Sébastien	Stéphanie
Émilie	Jessyca	Maély
Thomas	Laurie	Joanie
Jonathan	Roxanne	Jessy
Shannon	Rose	Alex-Sandrine
Mickael	Marie-Ève	Rébecca
Andy	Abygaëlle	Jade

REMERCIEMENTS

Je profite de l'occasion pour t'exprimer ma plus profonde gratitude, toi mon amour, ma femme Nicole. Tu as fait de moi un homme accompli et, grâce à toi, je suis devenu un meilleur père de famille. Tu as été, tu es et tu resteras toujours ma grande amie, mon épouse, ma muse, mon ange et mon tendre amour.

C'est un grand honneur pour moi de te rendre hommage, de te présenter au monde et de dire à quel point tu es une femme merveilleuse. J'aurais aimé que la terre entière puisse te côtoyer et te connaître. Tu ne laisses jamais personne indifférent et on a toujours le goût de rester près de toi.

Je voudrais qu'on sache ce que tu représentes à mes yeux et dans mon cœur. Tu es une femme intelligente, tendre et joyeuse. Tel un oiseau, tu chantes tout le temps, répandant ainsi ta bonne humeur dans notre maison.

Tu possèdes, mieux que quiconque, le gros bon sens. Respectueuse et discrète, on peut toujours compter sur toi et te faire confiance. Toujours prête à aider, tu trouves des solutions à tous les problèmes, même ceux qui semblent insolubles.

Tu es, toi ma Nic, une femme ordonnée, disciplinée, déterminée et généreuse de ton amour, car ton cœur est rempli de compassion. Tu es une femme fascinante, humaine et courageuse, toujours coquette, bien mise, belle et sexy. C'est ton sourire bienveillant qu'on remarque dès la première fois qu'on te voit.

Je rends grâce à Dieu tous les matins et tous les soirs de me prêter un si beau cadeau. Tu as toujours été à mes côtés. Merci, ma chérie, de ton grand amour, de m'avoir guidé, conseillé et soutenu dans la réalisation de tous mes projets, y compris celui-ci. Sans ta compréhension et ton appui, je n'aurais jamais pu y arriver. Je te suis infiniment reconnaissant de ta présence constante dans les salles de cours depuis vingt-cinq ans. Tu m'as accompagné, tu m'as assisté et tu as aidé tant de gens par ton écoute et ta grande compréhension des êtres humains. Merci pour ton altruisme et ton empathie envers eux.

Tu n'as aucune préférence entre nos enfants et nos petits-enfants. Toute la famille se sent importante à tes yeux. Tu ne dis jamais à nos belles-filles de quelle façon elles devraient élever leurs enfants. Tu ne méprises jamais personne, et c'est pour cette raison que lorsqu'on a besoin de conseils, c'est à toi que l'on s'adresse.

Ce qui me fascine le plus, c'est ce rapport qui existe entre toi et nos petits-enfants. Ton opinion est toujours considérée avec une grande valeur ; ils se confient à toi avec une sincérité remarquable puisque tu es toujours disponible pour eux. Ce qui les rend si confiants, c'est que tu ne leur fais jamais la morale. Tu es une source d'inspiration et c'est pour cette raison qu'ils viennent, tour à tour, passer une petite nuitée en ta compagnie, prendre le goût du bonheur. En répandant ta joie de vivre, tu les encourages inconsciemment à t'imiter.

Tous nos enfants, nos petits-enfants et nos belles-filles peuvent témoigner de ton sens extraordinaire des valeurs de la vie et de tes mille et une façons de la célébrer chaque jour. Il n'y a pas de mot assez grand pour définir tout ton être. Tu es l'expression même de l'Amour avec un très grand A.

Tu es une sœur merveilleuse. Toutes les femmes qui te côtoient veulent être ton amie, car tu es fidèle et spéciale. Tu es une maman formidable, une mamie chaleureuse, une belle-mère extraordinaire.

Merci, mon amour, de cheminer à mes côtés et merci d'avoir un jour croisé ma route. Quel homme chanceux je suis d'être à tes côtés !

Bien entendu, je remercie particulièrement mes sept garçons, mes sept belles-filles et mes vingt et un petits-enfants pour cette belle harmonie qui règne dans notre famille. Lorsque je regarde ce que vous êtes devenus au fil des années, mes fils, des pères responsables, matures, travaillants et pleins d'amour, je peux vous dire que mon admiration pour vous est sans bornes. Je vous aime du plus profond de mon cœur et je vous remercie.

J'apprécie chacun de vous pour ce qu'il est. Vous faites de moi un père, un grand-père et un beau-père comblé et fier. Je remercie chaleureusement chacune de vous, mes belles-filles, pour tout l'amour et le don de soi que vous offrez à votre famille. Grâce à vous, vos enfants seront des êtres équilibrés. Ils deviendront des hommes et des femmes d'une grande valeur. Vous êtes des femmes que je respecte et admire. Chacune de vous a une place spéciale dans mon cœur. Vous avez su faire en sorte que l'harmonie de la famille soit une priorité. Je vous aime et je vous remercie pour ce que vous êtes. Nos rencontres familiales en disent long sur la belle famille que nous formons. Merci de faire partie de ma vie.

Je voudrais remercier tous les amis qui sont encore à mes côtés de me rester fidèles et de m'aimer comme je suis. Vous avez su traverser avec moi les beaux et les moins beaux moments de ma vie. J'ai un immense sentiment de fierté lorsque je vous appelle «mes amis».

Merci, car je suis un être comblé. J'ai un frère et une belle-sœur que j'apprécie de tout mon cœur. Nous sommes vraiment complices. Nous avons traversé la vie en restant unis. Quoi qu'il arrive, c'est avec une très grande fierté que je vous dis merci.

Merci à tous mes beaux-frères et belles-sœurs qui font partie de ma vie. Nos rencontres sont toujours empreintes de partage et de fous rires. On est une famille, une vraie! Cet amour et ce grand respect que je ressens me comblent d'un grand bonheur. Une famille comme la nôtre, c'est rare. Alors, c'est un privilège pour moi d'en faire partie.

À vous toutes et tous que j'ai côtoyés au cours de ma vie, je vous dis merci pour la confiance que vous m'avez accordée, d'avoir cru en moi, de m'avoir confié vos familles, vos frères, vos sœurs, vos enfants, et pour toute l'aide que vous m'avez apportée. Pendant vingt-cinq ans, vous n'avez jamais cessé de m'appuyer et d'être à mes côtés. Tout cet amour que vous avez eu pour les êtres humains, jamais je ne l'oublierai.

Vous tous qui avez voulu, comme moi, aider les autres, votre courage et votre dépassement ont fait de vous des êtres à part. Vous avez investi une partie de votre vie, impliqué votre famille, donné tout ce qu'il y avait de meilleur en vous. Vous êtes et serez toujours pour moi des personnes inoubliables. À jamais, vous ferez partie de ma vie, vous serez dans mon cœur jusqu'à mon dernier jour. J'ai apprécié chaque moment passé à vos côtés et je me sens un homme privilégié de vous avoir connus.

En terminant, un merci très spécial à ma belle-sœur Hélène Labonté et à mon beau-frère André Labrèche, qui nous ont été d'un grand secours durant cette magnifique aventure, ainsi qu'à Jules Carrière, de Jules Communications, pour son don de soi et ses encouragements à poursuivre mon rêve.

Mot de l'auteur

Cher lecteur, chère lectrice,

Comme je le dis toujours, toute personne qui sait lire a le pouvoir de grandir et de s'améliorer.

Les conférences qui sont présentées dans cet ouvrage ont été écrites pour vous. Je suis convaincu qu'elles vous apporteront du soutien et de l'aide dans les moments où vous aurez besoin de vous sentir appuyé et compris. Je sais très bien qu'un livre n'est pas une thérapie en soi, car on ne peut partager avec son interlocuteur. Mais vous aurez toute la latitude pour écrire ce que vous ressentez. Ce serait une merveilleuse rencontre entre vous et moi.

Ce que vous vivez ne me laisse pas indifférent et les sujets qui me tiennent le plus à cœur sont abordés dans les pages à venir. La différence entre ce livre et mes thérapies de groupe est qu'actuellement vous êtes seul avec vous-même au lieu de vous exprimer devant des gens, mais les résultats seront les mêmes si vous vous concentrez sur ce que vous lisez.

J'ai constaté qu'avec toutes les nouvelles technologies l'être humain fait de moins en moins d'efforts. Nous sommes en train de nous enliser dans un gouffre de paresse intellectuelle qui me fait réfléchir. Le cerveau humain travaille de moins en moins. La télévision nous fournit des images qui changent en une fraction de seconde et qui imprègnent dans notre subconscient les produits que nous devrions consommer. Nous finissons par acheter et adopter tout ce qu'on nous suggère, que cela concerne notre façon de manger, de nous habiller, les médicaments que

11

nous prenons, ou même notre façon d'élever nos enfants ! Nous n'avons plus besoin de faire travailler notre visualisation ou notre imaginaire. Nous n'avons même plus besoin de penser, on le fait pour nous ; et comme consommateurs, nous acceptons toutes ces suggestions.

Maintenant, ce ne sont plus les êtres humains qui sont intelligents, ce sont les autos et les téléphones qui ont cette merveilleuse faculté. En fait, je pense que ce sont les inventeurs de ces appareils intelligents qui le sont, car ils font des milliards de dollars sur notre dos. On nous fournit tout ce dont nous avons besoin pour nous rendre du point A au point B. Les formidables GPS sont nos nouvelles cartes routières. Plus besoin de chercher, plus besoin de se casser la tête pour trouver son chemin. Nos téléphones ont même remplacé notre mémoire. Nous n'avons qu'à peser sur un petit bouton et voilà, tout se fait tout seul. Ce qui m'inquiète, c'est qu'on fait travailler de moins en moins nos cinq sens.

Donc, ces conférences vous apporteront ce dont vous avez besoin pour avoir une meilleure qualité de vie, et vous aurez autant de plaisir à les lire que moi j'en ai eu à les écrire.

Ceux et celles qui me connaissent savent très bien que je ne suis pas un écrivain, et j'ai fait en sorte que vous me retrouviez à travers mes écrits. Vous m'avez entendu en conférence pendant tellement d'années que je n'ai pas voulu me façonner un personnage mais rester le même homme que vous avez connu, avec mes convictions, ma passion et surtout ma façon de m'exprimer.

Lorsque j'ai pris ma retraite, vous m'avez demandé de ne pas vous lâcher, vous aviez besoin de mes conférences. Alors, voilà, c'est fait ! J'ai entendu vos demandes et je suis très heureux de vous retrouver. Merci de me faire confiance. Ces écrits ont fait leurs preuves à travers leurs résultats.

Je sais que chaque être humain possède en lui une grande force indescriptible. C'est à elle que je fais appel. Elle est là en vous et je sais, mes amis, qu'il suffit souvent de simples mots pour changer les choses : oui, je le veux !

Je vous souhaite une très bonne lecture. Puissiez-vous trouver dans ce livre le désir et la force d'obtenir une vie meilleure.

Je me présente

Je m'appelle Robert Tessier et je suis né à Montréal le 27 février 1943. Je suis avant tout un conférencier, un formateur, un motivateur ct un autodidacte.

Tout a commencé en 1974. Après avoir suivi plusieurs cours sur la motivation, j'ai compris que ma vie ne serait jamais plus comme avant. À cette époque, j'étais vendeur et je travaillais très fort pour vendre mon produit. Je bégayais et il fallait avoir de la patience pour m'écouter. Mais j'avais en moi une force et une détermination incroyables. J'avais la foi en mes capacités et rien ne pouvait m'arrêter, même si je faisais rire de moi. Imaginez, j'allais sonner aux portes le samedi soir pour vendre des aspirateurs. Les gens me faisaient entrer, car j'étais très persuasif.

J'étais souvent premier vendeur de la compagnie. C'était assez frustrant pour les autres : un «bégayeux» qui est capable de vendre ! C'était même assez comique. Mais je n'avais pas peur de faire rire de moi. Je voulais réussir et j'ai réussi. Pendant sept ans, j'ai étudié le comportement humain en regardant les gens vivre, en consultant des livres et en les recopiant pour connaître vraiment le but de l'auteur. J'ai lu et relu des ouvrages de psychologie et j'ai finalement combattu mon bégaiement, avec l'aide de mon épouse Nicole.

Pendant toutes ces années, nous avons travaillé ma diction (qui, en passant, n'est pas parfaite), mon élocution, ma façon de m'exprimer, de ressentir les mots. Avec toute la passion que j'avais d'atteindre les objectifs que je m'étais fixés, je n'ai jamais cessé d'étudier et de me perfectionner. Ce qui m'attirait le plus, c'était le comportement des êtres humains. Je me suis rendu compte qu'on avait le jugement facile, que les gens sont souffrants et désorientés devant les épreuves. C'est à ce moment que j'ai su ce que je voulais faire de mon existence. J'ai pris la décision de laisser mon travail pour me consacrer uniquement à aider les autres tout en gagnant ma vie.

En 1980, je suis devenu conférencier et j'ai animé des thérapies de groupe. Le but de ces rencontres était d'aider les gens à avoir une meilleure qualité de vie tout en changeant certains comportements. Puis je suis devenu un formateur agréé par le Ministère de l'Emploi et de la Solidarité sociale. En 1984, j'ai fondé l'institut Les clés de la sérénité R. T. Inc. et j'ai créé le Concept de Robert Tessier (CRT). Par la suite, j'ai formé des conférenciers et des conférencières, j'ai offert des cours de gestion à des gens d'affaires et j'ai prononcé plusieurs conférences dans de grandes entreprises.

J'ai également monté un spectacle-conférence intitulé *Le mal de vivre me tue* dont j'ai été l'auteur, le metteur en scène, le producteur et l'unique personne sur scène. Mon fils Michel en a dessiné les maquettes. J'ai livré six fois cette performance d'une durée de trois heures, à guichets fermés, au Théâtre Port-Royal (aujourd'hui le Théâtre Jean-Duceppe) de la Place des Arts de Montréal entre 1988 et 1990. Avec ce même spectacle, j'ai aussi rempli la salle Valspec de Valleyfield, d'une capacité de mille sièges. Ce fut un réel succès.

Mais ce dont je suis le plus fier, ce sont les vingt-cinq années où j'ai donné des thérapies de groupe en motivant les gens à poser des gestes positifs pour avoir une meilleure qualité de vie. J'ai œuvré dans ce domaine à raison de quarante semaines par an. Ce fut pour moi une immense satisfaction. J'avais et j'ai toujours une très grande passion pour ce travail.

En 2005, j'ai pris ma retraite et je peux vous avouer que ce fut difficile de penser que tout ce que j'avais appris durant ma carrière pourrait se perdre. C'est alors que j'ai décidé de publier un livre sous la forme de conférences. Je l'avais dans la tête depuis longtemps, mais mes thérapies de groupe prenaient tout mon temps, et je ne voulais pas que tout s'arrête. J'étais très attaché aux gens qui me suivaient depuis toutes ces années : je les aimais.

Maintenant c'est fait. J'ai écrit cet ouvrage en espérant donner aux êtres humains qui le liront le goût de devenir meilleurs. Mon but principal : aider. Pour ce faire, j'aimerais vous demander de m'imaginer en train de vous parler et de vous motiver, car je serai votre conférencier et votre motivateur personnel. Je vais passer tous ces moments de lecture en votre compagnie. Croyez-moi, je ne vous lâcherai pas, je vais suivre votre parcours page après page. Je serai à vos côtés pour vous appuyer et vous aider.

Ces conférences ont été entendues par au moins 135 000 personnes et je peux vous assurer que les résultats ont été absolument phénoménaux. Elles renferment de petits trucs qui pourront vous aider à améliorer votre quotidien. J'aimerais vous donner le goût, par le biais de ces textes, de vous aimer davantage, de penser à vous, de renforcer votre estime de soi peut-être, pour que vous puissiez enfin partager vos sentiments, vos émotions, et surtout ne pas avoir peur d'être authentique. Je souhaite aussi vous conscientiser sur la façon dont la société actuelle vit et perçoit la vie, banalise et accepte souvent l'inacceptable.

Je suis un homme passionné et je souhaite vous transmettre ma passion et mon amour pour les êtres humains. C'est spécialement pour vous que j'ai rédigé cet ouvrage. Si vous le tenez entre vos mains, ce n'est pas un hasard, croyez-moi. Maintenant, mon ami, c'est à toi que je m'adresse :

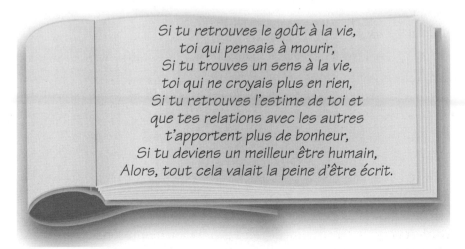

Si tu retrouves le goût à la vie,
toi qui pensais à mourir,
Si tu trouves un sens à la vie,
toi qui ne croyais plus en rien,
Si tu retrouves l'estime de toi et
que tes relations avec les autres
t'apportent plus de bonheur,
Si tu deviens un meilleur être humain,
Alors, tout cela valait la peine d'être écrit.

Bonne lecture. Je souhaite à chacun un beau voyage.

Vous êtes prêt ? Allons-y, c'est parti !

INTRODUCTION : L'APPRENTI-SAGE

Je peux vous garantir que la lecture est le meilleur atout dans n'importe quelle entreprise. Nous, les êtres humains, n'avons rien inventé qui surpasse la lecture comme moyen d'apprentissage.

Anne Frank

Ceux qui vous diront que la vie est un éternel combat doivent se sentir très fatigués, car pour se battre vingt-quatre heures sur vingt-quatre, trois cent soixante-cinq jours par année, il faut être fort. Moi, je vous dirai que la vie est un éternel «apprenti-sage».

On apprend à vivre chaque jour de nouvelles situations. On doit être capable d'accepter les changements et de vivre de manière différente lorsqu'ils surviennent. De la naissance jusqu'à la mort, nous devons apprendre à marcher, à parler, à lire, à écrire et à compter.

Nous devons aussi apprendre à socialiser, à nous calmer, à tolérer les différences. Nous devons apprendre à accepter les victoires, mais aussi les échecs qui surviennent à certains moments de notre vie.

Il faut apprendre à avoir confiance en nous et aux autres, apprendre jeunes le respect de l'autorité et un métier, apprendre à nous discipliner, à choisir ceux qui feront partie de notre cercle d'amis.

Lorsqu'on est plus âgé, il faut apprendre à choisir son conjoint, celui ou celle avec qui on a le goût de cheminer, et apprendre ensemble ce qu'est l'amour et comment vivre à deux.

Le plus difficile, je crois, c'est l'apprenti-sage du rôle de parent. On ne vient pas au monde avec le mode d'emploi, on apprend «sur le tas», comme on dit. Ça demande beaucoup de dépassement, d'amour, de tolérance et de don de soi. Puisque nous sommes là, c'est qu'il y a eu des gens avant nous qui ont pris cette décision et qui ont appris, eux aussi, à devenir parents. Lorsque les enfants quittent la maison, nous devons apprendre à vivre sans le tumulte et les tourbillons auxquels nous étions habitués. Il faut réapprendre à vivre à deux. Et lorsqu'on regarde en arrière, on sait que l'apprenti-sage n'a pas été facile. C'est là que l'on se rend compte des erreurs que l'on a faites, et l'on se dit souvent que si c'était à recommencer, on agirait autrement.

C'est ça, l'apprenti-sage, mes amis. Lorsque le couple ne s'entend plus et qu'il y a rupture, il faut apprendre à vivre avec les conséquences souvent très difficiles. Là non plus, on ne vient pas au monde avec le mode d'emploi. On apprend à vivre avec le déchirement au fur et à mesure que les journées passent.

Et la vie continue. On apprend à guérir, enfin la plupart du temps, car il y a des personnes qui ne veulent pas apprendre à vivre sans l'autre. Leur vie devient alors un éternel combat. Mais ceux qui ont appris à guérir ont aussi appris à aimer d'une façon différente, et souvent leur vie prend un autre chemin. Ils écrivent des livres, font des voyages seuls ou en groupe, pratiquent le bénévolat ou vont danser; ils prennent des cours de toutes sortes, peinture, golf, etc., et voilà… ils apprennent à vivre autrement.

Lorsque la maladie frappe, il faut apprendre à vivre avec la souffrance physique et psychologique. Ce n'est pas évident. Pour certains, c'est une catastrophe, car ils ne guériront jamais. Il leur faut apprendre encore une fois à accepter l'inacceptable, car la vie est un éternel apprenti-sage.

Alors, ceux qui croient tout savoir ont cessé d'évoluer, car la vie ne s'arrête jamais. Au contraire, celle-ci ressemble à un chemin qui conduit à une forêt, où l'on découvre d'autres chemins qui mènent à une clairière dans laquelle se trouve un magnifique ruisseau où l'on peut s'abreuver de connaissances.

Donc, mes amis, suivez votre chemin et ne cessez jamais d'apprendre : c'est là que vous deviendrez sages. C'est ça, la vie !

PREMIÈRE CONFÉRENCE :
L'IMAGINATION

Les choses n'arrivent pas par miracle.
Il faut les provoquer en travaillant dur, et
en recherchant des solutions, vous pourrez venir
à bout de tous les obstacles.

Eula Hall, *Le monde merveilleux de l'imagination*

Si tu peux l'imaginer, tu peux le créer.

Walt Disney

Par le biais de cette conférence, j'aimerais que vous puissiez vous servir de votre imagination pour me voir en train de vous parler tout au long de ce livre. Puisque je ne peux être en face de vous, je serai à vos côtés pour vous accompagner.

Servez-vous de cette grande force que vous possédez pour vous aider dans cette démarche. L'imagination est un très grand mot qui peut nous faire sentir comme des personnes extraordinaires, mais qui peut aussi causer de très grands maux qui nous donnent l'impression d'être des individus sans aucune valeur.

La plupart des gens ont appris à se servir de leur imagination d'une façon négative. J'aimerais vous faire voir l'envers de la médaille, la vraie beauté qui existe dans le monde de l'imagination, mais aussi les dangers qui s'y rattachent. On a tous de l'imagination à des degrés différents, ce qui fait de nous des êtres humains à part entière. Nous pouvons nous imaginer tout ce que nous voulons à la condition de contrôler nos pensées et surtout de ne jamais laisser l'imagination nous contrôler.

C'est là que cette conférence peut vous aider. Je vais vous donner des petits trucs pour que vous soyez capable de vous servir de cette grande force qui pourra certainement améliorer votre qualité de vie. Si j'ai décidé de l'intégrer dans ce livre, c'est que je crois, et même j'en suis sûr, qu'elle vous sera d'une grande utilité. Elle avait beaucoup d'impact sur les participants à mes thérapies de groupe. C'était surprenant de voir à quel point ils pouvaient prendre conscience que notre imagination peut soit nous détruire, soit nous construire.

C'est un simple mot, mais quel dégât il peut faire dans une vie! L'imagination, telle que perçue par plusieurs personnes, est une force de la pensée. D'autres diront que sans imagination la vie ne serait pas ce qu'elle est. D'autres encore prétendent qu'ils n'ont aucune imagination.

Par contre, on dit de plusieurs personnes: «Elles fabulent, elles ont trop d'imagination.» On pourrait ainsi affirmer au sujet d'un enfant qui semble parler avec un ami invisible qu'il a beaucoup d'imagination. Lorsqu'on apprend un drame horrible, on déclare: «C'est inimaginable, une telle chose! Qui pourrait imaginer faire une telle horreur, agir de cette façon?» Et l'on entend souvent dire de quelqu'un qu'il a une imagination fertile ou bien qu'il souffre d'une maladie imaginaire.

Vous pouvez comprendre maintenant à quel point l'imagination fait partie de notre vocabulaire, et surtout de notre vie. Tout ce qui a été créé et tout ce qui existe en ce monde est d'abord passé, par la visualisation, dans l'imaginaire d'une personne. Et tout ce qui se réalisera dans le futur est présentement dans l'imagination de quelqu'un. N'est-ce pas merveilleux, mes amis? Alors, pourquoi ne pas essayer de comprendre ce qu'est l'imagination?

J'ai cherché dans *Le Petit Robert* le sens de ce mot. J'aimerais vous en faire part, car pour moi c'est très important de vous situer dans le contexte afin que vous puissiez saisir à quel point cette conférence est importante et comment elle peut changer une vie.

Voici donc une partie de ce que j'ai trouvé :

- «Faculté que possède l'esprit de se représenter des images et de les embellir.»

- «L'imagination déforme et colore la réalité.»

- «Les folles imaginations de l'amour, l'illusion, la vision, l'irréel, des chimères, des rêves qui sont sans réalité, qui est fictif, qui existe dans l'imagination.»

Si on est d'accord avec la définition du dictionnaire, on pourrait dire sans se tromper que l'imagination fait partie du rêve et de l'illusion.

Pour que vous en compreniez les effets sur votre vie, je vais décrire à ma façon ce qu'est l'imagination, car on peut se détruire mais aussi se faire tellement de bien, à la condition de savoir se servir de son imagination, qui est en soi une puissance extraordinaire. En effet, on dit que l'imagination ne cesse d'embellir certains moments qu'on ne veut pas oublier. Mais elle peut faire exactement le contraire : rendre des moments pires que ce que l'on a vécu réellement.

L'imagination a une grande répercussion sur nos 3 C : le corps, le cœur et le cerveau. Lorsqu'elle travaille contre nous, nous en ressentons les effets immédiatement.

Si tu n'aimes pas ton emploi, chaque matin au réveil, tu t'imagines la journée que tu vas passer ; tu l'anticipes et tu la visualises. Tu te vois arriver au travail et tu sais d'avance ce qui va se passer. Déjà tu es démoli, fatigué juste à penser à ce que tu dois faire. Tu n'as peut-être pas dormi de la nuit. Tu es épuisé, ton corps n'en peut tout simplement plus, ton cœur ne supporte plus la tension qui existe dans ton milieu de travail ! Alors, tu as des palpitations, tu sens une boule au creux de ton estomac, et ton cerveau est sur le bord d'exploser. Tu as des maux de tête épouvantables et de la difficulté à te concentrer. Et pourtant, tous les jours en te levant, c'est la même rengaine qui recommence. Tu t'imagines telle ou telle personne qui va passer une remarque déplaisante, ton supérieur qui est toujours de mauvaise humeur… Et juste à y penser, tu as mal au cœur. Tu n'en peux plus ! Et pourtant, tous les matins depuis cinq, dix ou quinze ans, tu te présentes au poste. Tu aimerais tant aller travailler ailleurs. Mais lorsque tu t'imagines en train de passer une entrevue et de te dire : « Non merci, on n'a besoin de personne pour le moment » ou bien « Vous n'êtes pas assez qualifié pour ce poste » ; lorsque tu t'imagines sans emploi, sans rentrée d'argent, faire face à des inconnus, recommencer à apprendre autre chose, tu te dis : « C'est trop dur, je n'y arriverai jamais, je préfère endurer mon travail. »

Malheureusement, ton imagination travaille contre toi. C'est pour cette raison que tu restes dans cet emploi qui est en train de te détruire. Tu risques un *burnout* ou une dépression, mais tu anticipes tellement que cela te paralyse, t'empêche de bouger.

Avez-vous remarqué, mes amis, que les personnes qui font des crises cardiaques sont souvent victimes de stress lié à leur travail ? Alors, nous allons essayer de trouver ensemble une solution, une façon de voir la vie et surtout de faire travailler notre imagination dans le bon sens en nous servant de nos cinq sens : l'ouïe, l'odorat, le toucher, le goût et la vue.

« Qu'est-ce que mes sens viennent faire là-dedans ? » me demanderez-vous. Attendez, vous allez voir à quel point c'est important. Pour vous aider à comprendre, je vais vous proposer de vous servir de votre imagination en visualisant ce que je vais vous dire. Commençons.

Imagine-toi assis au bord d'un lac, ton lac à toi, ton petit coin de paradis. Imagine-le, c'est très important. C'est un bel après-midi d'été, le lac est d'un calme et d'une beauté extraordinaires ; on dirait un grand miroir qui reflète le paysage. Le jardinier vient de tondre le gazon… comme ça sent bon ! Ferme les yeux et vis cette expérience ; ressens le bien-être de cette détente. Est-ce que tu entends les oiseaux qui chantent ? Est-ce que tu sens la chaleur du soleil qui caresse ta peau ? Prends le temps de t'imprégner de ce délicieux moment de calme. Respire à fond et tu sentiras l'odeur des fleurs sauvages et des roses qui embaume l'air de cette merveilleuse journée d'été. Détends-toi, imagine et visualise cet endroit exceptionnel pour qu'il reste gravé dans ta mémoire. Si tu as pris ces quelques instants pour te faire du bien, je suis fier de toi !

Maintenant, on va changer d'image. Tu vas t'imaginer la dernière chicane que tu as vécue, lorsqu'on t'engueulait comme du poisson pourri, qu'on te disait des paroles disgracieuses, qu'on t'accusait de tous les maux de la terre. Souviens-toi comment tu te sentais. Ton cœur battait à tout rompre, tu avais envie de gifler la personne qui te rendait coupable de tout, tu étais dans un état de mal-être, tu ne savais plus si tu devais crier ou pleurer. Regarde cette scène. Ferme les yeux et ressens tout ton chagrin et ta douleur avec tes cinq sens. C'est terrible comme tu te sentais mal !

Maintenant que tu as visualisé cette scène, on va changer d'image. Tu vas t'imaginer la dernière fois que tu as fait l'amour (pour ceux qui l'ont fait naturellement…). Souviens-toi comme c'était merveilleux… Que vos baisers étaient passionnés, vos étreintes pleines de tendresse ! Quels moments merveilleux ! Comme vous étiez bien ensemble ! Tout ton être était dans un état d'amour et de bien-être. Ferme les yeux. Prends quelques instants pour visualiser ces délicieux instants ; ressens l'amour et imprègne cet instant dans ta mémoire.

Maintenant que tu as visualisé cette scène et que tu as ressenti ces moments, on va revenir à ton lac. Détends-toi. Ressens le calme. Visualise le lac et imagine-toi assis au bord. Pourquoi cet exercice ? C'est que si demain on t'engueule ou qu'on te lance des mauvais commentaires, tu as deux choix : tu regardes la scène et tu souffres, en mettant tes 3 C dans un état lamentable de stress et de tension, ou tu changes ton image et tu vas t'asscoir au bord de ton lac où personne, sauf toi, ne peut aller, car c'est *ton* lac et personne n'y a accès. Alors, ressens et visualise ton corps dans un état de bien-être et de calme, et tu verras que les décisions que tu auras à prendre seront réfléchies, rationnelles et non impulsives.

L'imagination est un domaine très subtil. On a le droit de s'imaginer de belles choses, des réussites, mais souvent notre imagination nous joue des tours. J'aimerais vous apporter quelques exemples pour que vous compreniez que notre imagination nous fait souvent beaucoup souffrir.

Prenons l'exemple de la jalousie. On dit que c'est un sentiment douloureux qui fait naître chez la personne qui l'éprouve les exigences d'un amour inquiet, le désir de possession exclusive, qui crée la crainte, le soupçon et l'incertitude. La jalousie, c'est l'enfer de l'être humain pour les gens qui la ressentent, mais aussi pour ceux qui vivent avec eux.

Où se situe la jalousie ? Elle ne vient ni de nos mains, ni de nos jambes, ni du cœur. Elle provient tout droit de l'imagination ! La jalousie est pire que l'alcool et les drogues. Un individu ivre finit par tomber endormi. Mais une personne jalouse ne dort pas : elle surveille, se sert de son imagination pour se torturer et se faire souffrir, déforme la réalité pour se créer un monde irréel qui devient sa réalité et en même temps son enfer.

Prenons l'exemple d'un couple dont l'homme vient de changer de travail, et surtout de comportement. Elle a remarqué qu'il se rase tous les matins maintenant et qu'il parle souvent de la nouvelle secrétaire, qu'il prend sa douche avant de partir le matin – ce qui est nouveau, car avant c'était surtout le soir – et qu'il se parfume tous les jours. Elle en a parlé avec une amie, car elle trouve ça très louche. Il change et ce n'est pas normal. En plus, il rentre plus tard le soir, car son patron lui a demandé de faire des heures supplémentaires. Et voilà, c'est parti : la souffrance, les douleurs et les interrogatoires commencent. Elle se sert de ses cinq sens et de son imagination pour visualiser toutes sortes de scènes et se faire souffrir. « Où étais-tu ? Pourquoi ton téléphone était-il fermé ? Avec qui as-tu passé la soirée ? Comment s'appelle-t-elle ? Est-ce que je la connais ? » Et ce n'est que le début d'un long processus de destruction, dans les deux sens. Un homme jaloux rentre à la maison. Au même moment, il entend sa conjointe terminer sa conversation téléphonique. C'est mauvais signe, car depuis quelque temps il a des doutes et il s'imagine beaucoup de choses à son sujet. Elle s'est inscrite au gym, a commencé un régime, s'est fait teindre les cheveux et passe beaucoup de temps sur Internet… Tout ça n'est pas normal. « Elle me trompe sûrement », se dit-il. Il n'en peut plus ! Il est devenu méfiant, agressif, possessif, et il passe son temps à la questionner. « À qui parlais-tu ? Pourquoi as-tu raccroché comme j'arrivais ? As-tu quelque chose à cacher ? Je t'ai appelée cet après-midi et tu n'as pas répondu… Où étais-tu ? Avec qui es-tu sortie ? » Et voilà, c'est enclenché. L'imagination a pris le dessus et, croyez-moi, elle n'est pas partie dans le bon sens.

Je vous ai dit au début de cette conférence que l'imagination était le monde du rêve et de l'illusion, et que souvent elle déforme la réalité. Combien de gens s'imaginent que personne ne les aime ou ne les comprend, qu'ils sont les moutons noirs de la famille ? Combien de gens s'imaginent qu'ils seraient mieux avec un autre partenaire, surtout depuis qu'ils ont regardé des séries comme *Dynastie*. Ils se sont mis à rêver, à s'illusionner.

L'un d'eux a remarqué dans cette télésérie que la femme reçoit son mari avec un beau sourire lorsqu'il rentre du travail, et surtout qu'elle lui parle doucement et avec amour. «Bonjour chéri. Comment vas-tu? As-tu passé une belle journée? Aimerais-tu avoir un petit cocktail avant le souper?» L'homme qui regarde cette scène aimerait bien lui aussi avoir une telle épouse, car lorsqu'il arrive de travailler, ce n'est pas de cette façon que ça se passe. En ouvrant la porte, il entend un cri: «C'est qui? Ah, c'est toi... J'pensais que c'était du monde. Sors les vidanges et enlève tes souliers, j'viens de laver le plancher. Et t'arrives en retard! T'es encore allé à la brasserie?» Pas question de lui offrir un verre...

C'est la même chose pour la femme qui a regardé cette émission à l'eau de rose. Elle voit un bel homme, bien habillé, portant des souliers en cuir verni et une belle cravate, les cheveux bien coiffés. Il parle doucement. Et surtout elle a remarqué qu'il regarde sa conjointe avec admiration en lui disant des petits mots doux. Elle aimerait tellement avoir un conjoint comme ça, elle en a rêvé toute sa vie! Pourtant, lorsqu'elle regarde son homme, ce n'est pas du tout pareil. Il ne joue pas dans les téléséries, il est dans la construction. Il porte des jeans de travail et chausse de grosses bottines avec des caps d'acier; ils sont usés, on voit la rouille au bout. Elle se dit: «C'est avec lui que je couche ce soir...» Après le souper, il va s'étendre sur le fauteuil, fatigué de sa journée, s'endort et ronfle. Elle le regarde. Il a la bouche ouverte, la camisole à moitié sortie du pantalon. Il a engraissé, il a une bedaine. Elle se dit: «Combien de temps est-ce que je vais supporter ça?» Déception et frustration.

C'est la même chose pour lui, lorsqu'il regarde une scène d'amour à la télévision. Il voit un homme qui embrasse une femme, et dès qu'il lui met les mains sur les hanches, elle est déjà en extase. Elle hurle de plaisir, et il n'a encore rien fait! Il regarde la scène et se dit: «Comme j'aimerais avoir une femme comme ça, sexy, bien habillée, avec des dessous affriolants, bien maquillée, avec de beaux cheveux!» Il rêve parce que sa conjointe ne ressemble en rien à la fille à l'écran. D'abord, il se dit qu'elle est peut-être frigide et qu'elle n'aime sûrement pas le sexe, puisqu'elle ne crie pas après cinq minutes et que ça lui prend beaucoup de préliminaires. Maintenant, il est sûr que s'il ne fait pas souvent l'amour, c'est que sa partenaire ne le stimule pas suffisamment, qu'elle ne s'habille pas assez sexy pour l'exciter, qu'elle ne porte pas de jarretelles ni de bas noirs avec de la dentelle. Non, elle met des bas de laine tricolores et des pantoufles en Phentex que sa belle-mère a tricotées. Et depuis qu'elle a eu les enfants, elle n'a pas eu le temps d'aller chez le coiffeur, ni l'argent. Alors, elle a attaché ses cheveux avec un élastique de couleur qu'elle a trouvé sur le bureau des filles. Elle a enlevé son soutien-gorge pour faire le ménage et elle porte maintenant des robes amples : c'est plus pratique. Elle a aussi trouvé des pantalons de jogging en solde ; avec les enfants, elle se dit que c'est plus facile et que c'est lavable. Il la regarde et se dit : « C'est avec elle que je couche ce soir… Combien de temps est-ce que je vais supporter ça ? » Déception et frustration.

Combien de personnes gâchent leur vie en s'imaginant que ça irait mieux avec un autre partenaire. Vous, comment la voyez-vous, votre vie de couple ? Est-ce que vous vous imaginez vivre comme dans les romans à l'eau de rose ou dans la réalité ? Car il y a des gens qui sont amoureux de l'amour et de leurs rêves. Attention, mes amis ! La télévision, c'est le monde du rêve, ce n'est pas la réalité ! Combien de personnes se font du mal en s'imaginant qu'elles vont rencontrer la femme parfaite, le prince charmant, que l'amour va tout arranger, comme dans les films.

Je vais peut-être vous faire rire, mais j'ai l'exemple bien en mémoire d'une jeune fille qui annonce à ses parents qu'elle veut se marier. La mère est très surprise de cette nouvelle :

« Ma fille, tu ne peux pas te marier avec ce garçon, il ne travaille jamais !

— Mais, maman, tu vas voir, après le mariage il va devenir travaillant, il me l'a promis. »

Le père, encore plus étonné et même vraiment estomaqué de cette décision qu'il trouve trop soudaine, dit à sa fille :

« Tu rêves, mon enfant, tu ne peux pas marier ce garçon. Il boit beaucoup et je crois qu'il prend de la drogue. Tu vas avoir des problèmes avec un homme comme ça, et surtout arrête de t'imaginer qu'il va changer.

— Oui, mais je l'aime, il est tellement beau ! Et tu vas voir, papa, je vais tellement l'aimer qu'il va perdre le goût de boire. Il va changer, il me l'a promis. Et je lui fais confiance parce qu'il m'aime, il me répète souvent que je suis toute sa vie et qu'il m'aimera toujours.

— Ma fille, tu rêves encore à ton âge. Je suis désolé pour toi, mais j'ai bien peur que tu sois déçue. »

Elle fait fi des conseils de ses parents et se marie. Six mois plus tard, elle dit à son conjoint :

« Mon amour, quand vas-tu te chercher du travail ?

— Je suis bien comme ça, on vit bien avec ton salaire.

— Oui, mais je m'étais imaginé qu'après notre mariage tu te trouverais un emploi, tu me l'avais promis… Et quand vas-tu cesser de boire toutes les fins de semaine ? Tu bois et tu te drogues avec tes chums, je commence à être écœurée de vivre ça ! Je m'étais imaginé que tu m'aimais assez pour cesser de boire et que, par amour pour moi, tu changerais ta façon de vivre.

— Ne commence pas à me faire des reproches, j'aime ma façon de vivre et de faire la fête avec mes amis. Je suis bien comme ça et ce n'est pas toi qui vas me dire quoi faire !

— Mais moi, je t'aime !

— Moi aussi, je t'aime !

— Tu dis que tu m'aimes et tu continues à boire ? Je ne comprends pas ton attitude. Si tu m'aimais vraiment, tu comprendrais que je n'en peux plus ! Je te donne toutes mes payes pour ton alcool et ta drogue, on n'a jamais d'argent. Si au moins tu te trouvais du travail, on pourrait payer nos dettes et sortir de temps en temps les fins de semaine.

— Écoute, ma femme, j'étais comme ça avant le mariage, pourquoi veux-tu me changer ? Il aurait fallu que tu y penses avant. Je suis comme je suis, il va falloir que tu m'acceptes comme ça. »

Naturellement, elle est déçue et frustrée. Elle s'imaginait que son amour était assez fort pour le changer, comme dans le film *Roméo et Juliette*. Elle était sûre d'avoir rencontré le prince charmant. Malheureusement, les filles, il n'y a plus de princes charmants, et il n'y en a jamais eu ; ils existent seulement au cinéma. Et puis rappelez-vous que Roméo a probablement reçu plusieurs millions de dollars pour tourner le film ! Regardez le mal qu'on se fait. Savez-vous pourquoi ? Parce qu'on n'est pas réaliste. On n'a aucun pouvoir sur un autre être humain. Une personne peut changer à la condition qu'elle le décide elle-même.

Les hommes ne sont pas plus réalistes que les femmes, croyez-moi, mes amis. Un jour, l'un d'eux rencontre un beau brin de fille. C'est la femme de sa vie, elle est tellement belle ! Elle fait tourner la tête de tous les garçons, et c'est lui entre tous qu'elle a choisi. Comme il est heureux ! Il se sent privilégié. Au bout de six mois de fréquentation, ils décident d'aller vivre ensemble. Il n'y a pas un homme sur cette terre plus heureux que lui. Mais après quelques mois, il dit à sa belle compagne :

« Je ne veux pas te faire de reproches, mon amour, tu sais combien je t'aime… Mais j'ai remarqué que tu ne préparais jamais de repas, on mange souvent du *fast-food*, du surgelé, ou bien tu fais livrer du poulet ou de la pizza. Je suis déçu, car lorsqu'on allait chez toi, on mangeait du bon roast-beef.

— Justement, on va chez ma mère dimanche, tu en profiteras pour en manger.

— Tu ne sais pas cuisiner ?

— Non, et je n'aime pas ça. Je n'ai pas le temps, j'ai mon travail et ma carrière.

— J'ai aussi remarqué, mon amour, que mes pantalons étaient décousus… Pourrais-tu me les recoudre, s'il te plaît ?

— Tu ferais mieux d'aller les porter chez le nettoyeur, ils vont les réparer… et apporte aussi tes chemises pour les faire laver et repasser.

— Pourquoi ? Tu ne sais pas coudre ?

— Non, mon amour, je déteste la couture et le repassage, c'est toujours ma mère qui a fait ça pour moi. Et surtout, j'ai mon travail qui prend tout mon temps. Si je veux occuper un poste plus important dans la compagnie, il faut que je travaille fort, et c'est ce que je fais. J'espère que tu ne me reproches pas mon ambition…

— Non, mais je m'étais imaginé que tu savais faire tout ça.

— Tu es sûrement déçu, tu aurais dû me le demander avant qu'on aille rester ensemble.

— Mais si tu m'aimes, tu peux demander à ta mère de te donner des recettes et apprendre à faire à manger.

— Tu rêves, mon amour, je déteste cuisiner. Alors, si tu m'aimes, accepte-moi comme je suis. »

Que de déceptions et de frustrations !

Avant de prendre la décision d'aller vivre avec quelqu'un, informez-vous pour savoir si vos attentes sont fondées, car c'est facile après de reprocher à l'autre de n'être pas celui ou celle que l'on attendait ou imaginait. Posez des questions, apprenez à vous connaître, car après il est trop tard. Tout ce qui vous énerve avant le mariage ne va sûrement pas vous exciter après. Lorsqu'on tombe amoureux, on croit que l'amour va durer toujours ; qu'importe les défauts de l'autre, l'amour pardonne tout.

Je ne veux pas vous décevoir, mes amis, mais faire l'amour prend une heure. Il reste vingt-trois heures à vivre avec l'autre. Au début d'une rencontre, elle ne sort jamais décoiffée. Après quelque temps, ça n'a plus d'importance : « Il m'aime comme je suis. » Un amoureux, au début, n'a jamais de gaz. Après quelque temps, il les échappe…

Au début, les amoureux se disent de petits mots d'amour : mon pitou, mon petit lapin, ma petite cocotte, ma puce, mon petit minou… Avez-vous remarqué qu'après quelques années de mariage les animaux grossissent ? Ce n'est plus mon pitou, c'est mon gros chien sa… Ce n'est plus mon petit minou, c'est ma grosse va… C'est triste, mais c'est la réalité de plusieurs personnes. Oui, mes amis, c'est triste, car on devrait être de plus en plus respectueux : l'amour, c'est construire à deux, et non détruire.

Plusieurs s'imaginent à tort que l'autre va changer, que leur mari ou leur femme va enfin être comme ils le voudraient, comme ils l'ont imaginé, un partenaire comme celui dont ils ont toujours rêvé. C'est pour cela, mes amis, que 70 % des couples divorcent ! Et je ne vous parle pas de ceux qui «toffent», comme on dit, qui subissent leur vie ou qui font des accommodements raisonnables. Vous savez pourquoi? Parce qu'ils ont rêvé, ils ont imaginé que ça irait mieux, ils ont oublié la réalité, ils ont vécu dans un monde irréel. Mais un jour, la vérité fait surface, et c'est là qu'il faut la regarder en face. C'est la seule façon d'arriver à être heureux: faire face à sa réalité de tous les jours, regarder l'autre comme il est vraiment et non comme on voudrait qu'il soit, l'accepter dans sa totalité, et surtout arrêter de rêver qu'il va devenir quelqu'un d'autre. Je ne vous dis pas qu'on ne peut pas changer, bien sûr, car tout le monde en est capable. Mais pour cela, il faut se connaître et surtout se reconnaître avec ses qualités et ses défauts, et avoir le courage de changer les choses que l'on peut changer.

Ce n'est pas facile, je le sais. Mais je sais aussi qu'on peut y arriver si on parvient à s'aimer. Plusieurs individus n'en sont pas capables et ils s'imaginent que personne ne les aime. C'est grave, mes amis, lorsqu'on a l'impression d'être rejeté de tout le monde. Pendant mes vingt-cinq années en tant que conférencier, j'ai entendu plusieurs jeunes hommes me dire: «Moi, mon père ne m'aime pas.» Voici ce que je leur conseillais. «Si tu t'imagines que ton père ne t'aime pas et que cela te fait souffrir, va le voir et dis-lui: "Écoute, papa, j'ai une grande imagination et je m'imagine que tu ne m'aimes pas. Est-ce que tu m'aimes, papa? J'ai besoin de te l'entendre dire, car il faut que j'arrête de me détruire et de me faire du mal."»

Vous serez sûrement très surpris de la réponse de votre père. Allez-y, essayez, ça vaut la peine. Au moins, vous saurez à quoi vous en tenir une fois pour toutes.

D'autres m'ont dit: «Moi, ma mère ne m'a jamais aimé, elle a toujours préféré ma sœur.» Plusieurs parents m'ont confié ceci: «Mes enfants ne m'aiment pas, ils ne m'appellent jamais, ils ne viennent jamais nous voir.» Si vous vous imaginez toutes ces choses, s'il vous plaît, arrêtez de vous faire souffrir: appelez les personnes concernées, allez les rencontrer, parlez avec elles, ayez le courage de leur faire part de vos inquiétudes, et surtout n'imaginez aucune réponse et n'ayez aucune attente. Questionnez, demandez, et ensuite vous verrez bien. Au moins, vous saurez exactement ce qui en est. L'imagination va souvent au-delà des mots. Elle est bien pire encore que tout ce que l'on peut s'imaginer. Elle nous crée un monde qui ne ressemble en rien à la réalité, elle nous paralyse, nous rend confus jusqu'à nous faire oublier les valeurs réelles de la vie, elle nous fait fuir nos responsabilités, nous fait croire que même si nous sommes très superficiels, notre fausse imagination n'aura aucun impact sur le futur.

Je sais aussi, mes amis, que l'imagination positive peut changer notre vie, que tout ce qui a été réalisé et tout ce qui existe a d'abord été imaginé et visualisé. Toute la technologie du futur est déjà dans l'imagination de certaines personnes. On dit d'elles que ce sont des visionnaires. Les compagnies paient des fortunes pour avoir des gens avec autant d'imagination créatrice. Tous les grands sportifs de ce monde se visualisent, se projettent dans le futur et se voient réussir. Sinon, ça ne servirait à rien d'entreprendre une telle carrière en s'imaginant ne jamais réussir. Ils ont appris à maîtriser leur imagination négative, et c'est comme ça qu'ils ont réussi à devenir des champions.

Ici, il n'est pas question de devenir des positifs excessifs, mais servons-nous de notre imagination pour faire en sorte que notre vie soit plus belle. Pourquoi pas ? On a tous le droit d'être heureux.

Qu'est-ce que mon imagination négative me fait croire ?

- *Personne ne m'aime.*
- *Personne ne me comprend.*
- *Je suis toujours coupable.*
- *Je ne suis jamais à la hauteur.*
- *Mon frère est plus important que moi.*
- *La vie ne vaut pas la peine d'être vécue.*
- *Je serais mieux mort.*
- *Ma famille serait plus heureuse si je disparaissais.*
- *Je serais plus heureux avec une autre partenaire.*
- *Mon père ne m'aime pas.*
- *Ma mère ne m'a jamais aimé.*

Qu'est-ce que mon imagination me fait faire ou m'empêche de faire ?

- *Je bois, car je m'imagine que j'oublie mes problèmes.*

- *Je prends de la drogue, car je m'imagine que si je change de gang, je vais me retrouver seul.*

- *Je ne change pas de travail, car je m'imagine que jamais je ne trouverai un autre emploi.*

Il ne faut pas croire que les choses vont s'arranger toutes seules, il faut poser des gestes, changer ses images. Pour y arriver, il ne faut surtout pas oublier que toutes nos peurs prennent racine dans notre imagination.

Posez-vous ces questions : Est-ce que j'ai de nouveaux projets ? Est-ce que je me fais de nouvelles visualisations concernant ma santé, mon travail, ma réussite personnelle, ma famille ?

Durant les années où j'ai donné des thérapies, j'ai vu tellement de gens souffrir de jalousie, d'un manque d'estime de soi ou d'amour. Leur imagination négative était tellement forte que leur vie était devenue un enfer. Mais ce qui était merveilleux, c'est qu'ils arrivaient à se débarrasser de ces souffrances et de ces manques pour réussir enfin à s'aimer, à ne plus avoir peur de ce que la vie pouvait leur apporter, en changeant leur image, en visualisant une meilleure qualité de vie, et surtout en posant des gestes positifs. N'ayez pas peur d'affronter de nouveaux défis, servez-vous de votre imagination positive pour réussir, soyez conscient des vraies valeurs que vous possédez. Apprenez à vous fixer des objectifs et travaillez à les atteindre. Changez vos images face à la vie. Consacrez du temps à prendre soin de vous, vous en valez la peine !

La chose la plus difficile est de prendre la décision d'agir. La suite n'est qu'une affaire de ténacité. À partir du moment où vous avez fait le choix, vous pouvez réaliser tout ce que vous voulez. Surtout, n'ayez pas peur et ne vous arrêtez pas en chemin.

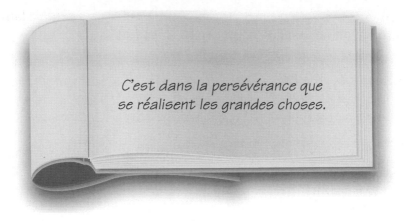

C'est dans la persévérance que se réalisent les grandes choses.

*
* *

J'espère que ma conférence sur l'imagination vous a ouvert une porte sur la compréhension de cette grande force que nous possédons. Naturellement, on a tous de l'imagination, à des degrés différents bien sûr.

J'ai rencontré tellement de personnes en détresse à cause de leur mauvaise imagination. Alors, soyez conscient de la personne que vous êtes, n'ayez pas peur de regarder à l'intérieur de vous, soyez sincère, et apprenez à lâcher prise sur ce qui vous empêche d'avancer ou d'être en complète harmonie avec vous-même.

J'aimerais vous raconter une petite histoire. Qu'elle soit vraie ou fausse n'a aucune importance : c'est le message que l'on en retient qui en vaut la peine.

Un petit singe très rare vit en Amazonie. Savez-vous comment on fait pour l'attraper ? On fabrique une cage en grillage, puis on y fait un trou de la grosseur du poignet de l'animal. À l'intérieur, on place une grosse noix dont le singe raffole. Celui-ci passe sa main dans le trou, puis saisit la noix. Il essaie ensuite de se libérer, mais impossible : il faudrait qu'il lâche sa prise, mais il ne veut pas. Il la tient sans se rendre compte qu'il est pris au piège.

Comme ça ressemble aux êtres humains! On est souvent accroché, et parce qu'on ne veut pas lâcher prise, on ne peut se libérer.

Mes amis, servez-vous de votre imagination pour visualiser ce à quoi vous êtes accrochés. Vous pouvez, par exemple, froisser du papier en boule. Prenez dans vos mains ce qui vous fait souffrir depuis des années, en disant:

Moi, (dites votre prénom), je suis accroché à:

mon père	mes illusions
mon ex-conjoint	mes médicaments
un rêve déchu	mes enfants
la drogue	mon passé
ma solitude	mon orgueil
mon enfance (une agression)	ma passivité
mon agressivité	ma bouderie
ma mère	mon travail
un décès	mes peurs
un échec passé	une tentative de suicide
l'alcool	mon ancien travail

Puis, en ouvrant les mains, lâchez prise, ne retenez plus ce qui vous fait souffrir, jetez votre souffrance à la poubelle. Ensuite, prononcez cette phrase, elle est très importante: «Aujourd'hui, je lâche prise.» Surtout, ne refermez pas la main.

Je sais bien que tout ne sera pas réglé parce que vous aurez fait ce geste, il est symbolique mais libérateur. Vous seul connaissez vos souffrances, vous seul êtes capable de décider de lâcher prise. Vous savez, mes amis, nous sommes souvent prisonniers d'événements de la vie qui sont liés à des personnes qui ont croisé notre route. Le lâcher-prise est simplement une façon de s'enlever des fardeaux que l'on traîne, parce que nos souffrances sont des fardeaux!

Je souhaite que mes conférences vous donnent le goût d'une meilleure qualité de vie. Il faut d'abord apprendre à se respecter et ensuite à respecter les autres, décider de se prendre en main.

On va travailler ensemble durant votre lecture. J'aimerais vous apporter le désir d'être heureux, de sourire à la vie. J'espère tellement que mes réflexions vont vous aider à retrouver le goût merveilleux d'aimer, d'être en harmonie avec vous et les autres.

Mes amis, il n'y a pas de plus grande joie que celle de vivre, la vie n'a pas de prix !

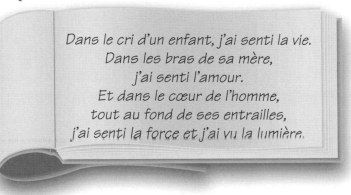

Dans le cri d'un enfant, j'ai senti la vie.
Dans les bras de sa mère,
j'ai senti l'amour.
Et dans le cœur de l'homme,
tout au fond de ses entrailles,
j'ai senti la force et j'ai vu la lumière.

EXERCICE

• Quels sont vos objectifs à atteindre cette semaine ? Vous pouvez répondre sur cette page ou sur une feuille que vous garderez avec vous. Chaque fois que vous aurez atteint un objectif, passez au suivant.

_____

_____

_____

• Qu'est-ce que votre imagination vous fait croire, vous fait faire ou vous empêche de faire ?

_____

_____

_____

À partir d'aujourd'hui, changez votre image.
Apprenez à contrôler votre imagination.
Supprimez ce qui entrave votre motivation.
Ayez une meilleure perception de vous
et des autres.

DEUXIÈME CONFÉRENCE : LA COMMUNICATION

Il va sans dire que la conférence qui suit est le pilier de la vie. Tout être humain doit être en contact avec les autres pour grandir et s'améliorer. Nous avons tous besoin d'être aimés, compris, respectés et appréciés. Pour ce faire, il faut nous connaître, et c'est par la communication que nous pouvons exprimer nos sentiments, nous révéler, être vrais. En communiquant avec les autres, nous construisons un pont entre deux rives. Si chacun fait son bout de chemin, nous pouvons arriver à nous rejoindre et ça, c'est l'essentiel de la vie.

Communiquer veut dire établir une relation avec autrui, dire ses sentiments, exprimer ce que l'on ressent, verbaliser ses craintes, ses doutes, son amour, ses émotions et ses peurs. Il y a plusieurs moyens de communication : la radio, les journaux, la télévision, Internet, le téléphone, et j'en passe. Mais moi, j'aimerais vous parler de la vraie communication, celle qui vient du cœur. Si nous n'exprimons pas ce que nous ressentons, nous risquons de perdre ceux que nous aimons par notre attitude. Ce n'est pas un sentiment exprimé qui fait le plus mal, mais un sentiment réprimé, refoulé. Alors, voici comment se faire comprendre, comment transmettre ses états d'âme en appliquant les cinq formes de communication.

Le regard

C'est la première forme de communication. Pourquoi ? Parce que les yeux sont le reflet de l'âme. Aujourd'hui, les gens ne se regardent

43

plus. Faites une expérience. Demandez aux personnes que vous rencontrez comment elles vont, en les regardant dans les yeux. Plusieurs vont vous répondre en regardant en l'air ou par terre. Pourquoi ? Parce qu'on a de la difficulté à soutenir le regard de l'autre, car les yeux ne trompent pas. Je vous donne l'exemple d'une maman qui est dans la cuisine et de son petit garçon de 3 ans qui est dans le salon. Tout à coup, elle entend le bruit d'un vase qui se brise. Elle se précipite au salon et demande à son fils : « Est-ce toi qui as brisé le vase de maman ? » Et le petit de répondre : « Non, non, maman. Ce n'est pas moi. » Alors, elle s'approche de son enfant, le regarde droit dans les yeux avec amour : « C'est toi qui as brisé le vase de maman ? » Et il avoue : « Oui, c'est moi, maman. » L'enfant ne peut mentir. Il se sent en sécurité, car dans le regard de sa mère, il a vu plus d'amour et de douceur que de menaces. Il a l'impression que sa maman a vu jusque dans le fond de son cœur. Mais si, au contraire, elle l'avait regardé avec des yeux fâchés, il aurait sûrement répondu en pleurant : « Non, maman, ce n'est pas moi. » Car le regard de sa mère aurait été menaçant et à ce moment précis, l'enfant aurait été convaincu qu'il avait fait quelque chose de mal et que la punition serait proportionnelle à son geste. Mais il a tout vu dans le regard de sa mère puisque notre façon de regarder l'autre veut tout dire. On peut lire beaucoup de choses dans les yeux.

Imaginez un jeune couple d'amoureux assis dans un restaurant. L'homme prend les mains de sa compagne et la regarde avec tellement d'amour dans les yeux que les paroles sont inutiles. Il voudrait lui dire : « Je t'aime, tu es si belle ! », mais il est trop timide. Mais dans ses yeux, elle a tout vu, tout ressenti, et à la façon qu'il a de la regarder, elle se sent belle et aimée. Le regard est tellement puissant.

Prenons un autre couple. Lui, après le souper, s'assoit confortablement dans son fauteuil préféré pour suivre son match de hockey. Sa conjointe lui parle, mais il continue de regarder la télévision sans s'occuper de ce qu'elle peut dire. Elle hausse la voix :

« Regarde-moi quand je te parle !

— Ne crie pas si fort, je ne suis pas sourd !

— Tu sais, chaque fois c'est pareil. C'est très déprimant d'avoir une conversation avec toi, tu ne me regardes jamais, tu es plus intéressé par la télévision que par moi. »

Peut-être a-t-elle choisi le mauvais moment ? Peut-être aurait-il pu couper le son du téléviseur, regarder sa partenaire dans les yeux et lui dire : « Tu désires me parler ? Je t'écoute. » Si vous saviez à quel point votre vie pourrait changer par un simple regard qui signifie : « Tu es importante pour moi, tu passes en premier. » Il se peut très bien qu'elle décide en fin de compte d'attendre après le match parce qu'elle a senti dans le regard de l'autre l'attention dont elle avait besoin à ce moment précis.

On dit tellement de choses avec les yeux. On exprime l'amour, la haine, le mépris, l'approbation, la tendresse et l'indifférence. On peut également voir dans le regard de l'autre la peur, la violence, le pouvoir, la détresse, l'interrogation, la dictature, la tristesse, la désapprobation, mais aussi l'amour, le désir et la passion. Le regard que nous portons l'un sur l'autre a une importance vitale dans la communication.

Un jour, un jeune homme écrivit une lettre à son père qui était très malade : « En me voyant dans ton regard, papa, j'ai senti jusqu'au fond de mon cœur ton amour et ta tendresse. Je me suis senti quelqu'un à ta façon de me regarder. J'ai vu le beau en moi parce que toi, tu l'avais vu avant moi. »

L'écoute

C'est la deuxième forme de communication. Les gens ne s'écoutent plus. Ils n'ont pas le temps, la vie passe trop vite. Pour plusieurs, écouter ce que les autres ont à dire est une perte de temps, et bien souvent ils perdent l'intérêt, car ils ont l'impression que ceux qui les entourent répètent toujours les mêmes choses, rabâchent conti-nuellement leur vie, leurs maladies, leurs déprimes. Ils finissent par être sourds à leurs bavardages. « Il me tape sur les nerfs avec ses pro-blèmes ! » Vous avez sûrement souvent entendu cette phrase. Alors, ils deviennent indifférents aux confidences des autres.

Nous avons beaucoup de difficulté à rester attentifs aux besoins des autres parce que nous-mêmes, personne ne nous écoute. Nos attentes ne sont jamais comblées. Si nous sommes indifférents aux autres, c'est que nous sentons très bien que les autres sont aussi indifférents à nous. Pourtant, écouter l'autre est un acte d'amour. Lorsqu'on se sent écouté, on se sent aimé et non jugé. La personne qui est capable d'un tel geste donne à l'autre le sentiment d'être accepté. Mais si vous avez des choses à dire, il faut choisir le bon moment, et surtout la bonne personne : celle qui est capable d'ouverture et de réceptivité, celle qui accepte de prendre du temps juste pour vous écouter, pour accepter vos confidences. Écouter, c'est aller plus loin que les mots que l'on entend. On dit que savoir écouter, c'est trouver avec certitude le cœur de l'autre.

Si vous avez des enfants qui se disputent constamment, essayez cet exercice appelé le 15 – 15, c'est magique pour régler une situation conflictuelle. Prenez deux chaises et placez-les l'une en face de l'autre. Faites-y asseoir vos enfants. L'un doit parler pendant quinze minutes et l'autre écouter sans répliquer et sans faire de commentaires. Puis les rôles sont inversés. Le parent ne doit jamais intervenir. À la fin de l'exercice, les deux enfants se font un câlin et on en reste là.

Lorsqu'on règle des conflits rapidement, cela évite beaucoup de tension familiale. C'est très étonnant de constater comment l'écoute active rapproche les gens, c'est un pont que l'on bâtit pour rejoindre l'autre.

Si vous désirez avoir une vie de couple plus intense, plus vraie, basée sur du solide, voici un grand secret. Choisissez une soirée dans la semaine qui deviendra *votre* soirée, celle où vous pourrez être seuls tous les deux, même si vous avez des enfants à la maison. Faites-les souper de bonne heure et, après les avoir mis au lit, installez-vous pour manger dans un endroit où vous ne serez pas dérangés. Si le seul lieu intime est la chambre à coucher, allez-y, disposez-y une table. Si ce n'est pas possible, faites comme ma conjointe et moi. Prenez la planche à repasser, mettez-y une nappe et installez-vous pour souper, ou simplement pour prendre un dessert ou un café. Ce soir-là, ce sera le début de quelque chose d'assez incroyable : la connaissance de l'autre. Au lieu de dire ce qui ne va pas dans mon couple à mon collègue de travail, je vais parler directement à la personne concernée. Voilà la façon de procéder pour ceux qui désirent que leur couple s'épanouisse et grandisse dans l'amour. Je ne vous dis pas que c'est facile, mais si vous saviez le bien-être que vous allez en retirer en tant que couple et aussi en tant qu'individu ! Procédez de la même façon que dans l'exercice du 15 – 15, ou encore c'est chacun votre semaine. L'un parle et l'autre écoute, sans dire un mot, sans se défendre. Il s'agit d'accueillir le sentiment de l'autre, car *un sentiment ça ne se discute pas*. Nous nous sentons toujours attaqués lorsque notre partenaire nous dit ce qui ne va pas. C'est là que nous nous mettons sur la défensive et que nous attaquons à notre tour. Notre conversation devient alors un combat de boxe, c'est à celui qui jettera l'autre au tapis en premier. Ce combat se termine par une détérioration du couple : « Il m'a dit ceci, elle m'a dit cela… Il va payer pour ! »

Et si, au contraire, on décidait tous les deux d'être heureux, de se connaître vraiment, d'arrêter d'avoir des conversations superficielles, d'être enfin deux adultes qui peuvent se parler, s'écouter, communiquer sans se juger comme deux amis. Il faut le vouloir de toutes ses forces, car parler de soi à son conjoint, ce n'est jamais facile. Nous dévoiler sans contrainte ni restriction, expliquer notre enfance, ce que nous avons vécu, nos frustrations, nos manques d'amour ; ou bien notre bien-être et l'amour que nous avons reçu, tout ce qui fait de nous ce que nous sommes. L'harmonie dans un couple passe d'abord par la connaissance et la compréhension de l'autre.

Peut-être que les premiers temps ce sera difficile d'entendre les revendications du conjoint sans répliquer, sans se sentir dominé et exploité. Mais si on veut marcher main dans la main l'un à côté de l'autre, il faut se parler et s'expliquer, si on ne veut pas faire partie des statistiques de divorces ! Alors, essayez ce truc merveilleux. Donnez une chance à votre couple de se connaître et de se reconnaître enfin. Écoutez sans faire de commentaires, accueillez ce que l'autre veut dire, veut *vous* dire. Après, vous vous faites un câlin et vous en restez là. Croyez-moi, au début l'orgueil en prend un coup, mais lorsqu'on aime, l'amour doit dépasser l'orgueil.

C'est en écoutant que nous apprenons ce que notre partenaire ressent vraiment, car dans ces tête-à-tête, il faut dire nos blessures, comment nous nous sentons face aux comportements de l'autre, les paroles destructrices et les comportements blessants, ce qui nous a terriblement contrariés, nos attentes qui ne sont jamais comblées. C'est difficile de le faire, mais ce qui l'est encore plus, c'est d'accueillir l'autre. C'est à ce moment-là que nous pouvons décider de changer les choses. Si votre partenaire vous affirme qu'elle se tape tout le travail et que vous ne vous sentez pas concerné parce que vous ne l'aidez jamais, alors vous avez le droit de changer et de commencer à faire de petites tâches : laver la vaisselle, passer l'aspirateur, faire le lit le matin. Si elle commence à voir de petits changements, elle vous remerciera. Par contre, elle ne devrait jamais ajouter un commentaire comme : «Il était temps que tu m'aides, ça fait des années que je te dis que j'ai besoin de toi !» Ce serait là une erreur, car les tête-à-tête ne doivent jamais obliger l'autre à changer mais à échanger comme deux amis qui se respectent.

Après quelques semaines, vous verrez que votre partenaire commencera à parler de son enfance et à dire pourquoi il a peur de se faire manipuler, pourquoi il est si agressif, pourquoi elle déteste ce ton de domination, pourquoi elle croit que vous la prenez pour une petite fille et non pour votre conjointe, pourquoi il déteste tant l'indifférence qui lui fait si mal, ce ton hautain qui lui rappelle de mauvais souvenirs et contre lequel il s'est fait une armure.

À force d'échanger enfin sur la vraie vie à deux, on comprend que l'on peut rejoindre l'autre au lieu de s'en éloigner, que les cœurs se rapprochent et que l'écoute active que l'on a faite ensemble a été le pont qui nous a conduits l'un vers l'autre. Ce lien très fort qui unit deux êtres s'appelle l'amour. Deux personnes à part entière, deux personnes distinctes, avec des goûts, des aspirations et une enfance différents, mais qui ont réussi à se connaître, à se comprendre et à s'accepter. Il ne faut jamais essayer de rendre l'autre comme soi, mais l'accepter comme il est. Après quelques semaines de tête-à-tête, un homme inquiet dit à sa conjointe :

«Je te révèle naïvement de dangereuses vérités. Tu connais à présent mes faiblesses, tu vas peut-être en profiter…

— Tu m'as donné beaucoup dans nos partages. La plus belle preuve d'amour que j'ai reçue de toi, c'est toi. Je t'ai enfin rencontré. Et chaque semaine, après nos partages, je nourrissais la conviction profonde que nous étions faits l'un pour l'autre. Avant nos tête-à-tête, nous n'avions plus de repères et nous vivions des blessures émotionnelles très graves. Nous étions sur un navire sans boussole ni radar. Maintenant que l'on se connaît mieux et que l'on a développé un grand respect mutuel, on peut vivre ensemble côte à côte sans se sentir menacés ni contrôlés, en se soutenant, sans dépasser nos limites respectives. Je veux vivre auprès de toi, t'aimer, car tous les deux, on a trouvé la force de renouer, de se renouveler et de recommencer. »

Ça prend beaucoup de maturité, de compréhension, de flexibilité et de tolérance pour faire cet exercice. Il ne faut jamais utiliser contre l'autre ce qu'il nous a confié.

Ce à quoi je fais face s'efface, ce que je fuis me poursuit.

Le toucher

La troisième forme de communication est le toucher. On dit qu'un bébé dans les premières heures de sa vie ne voit pas très bien. Il ne sait pas si c'est le médecin, l'infirmière, son papa ou sa maman qui est près de lui. Il est incapable de distinguer qui est à côté de son berceau. Ce pourrait être le voisin ou un parfait inconnu, il ne pourrait pas faire la différence. Alors, comment communiquer avec lui ? Par le toucher. C'est par ce geste que notre vie a commencé. Le bébé vient de naître, il pleure, mais aussitôt que sa maman le prend dans ses bras et qu'elle le serre contre son cœur, il cesse de sangloter parce qu'il se sent en sécurité. Elle le regarde, lui touche les joues, prend ses petites mains, les regarde, les touche avec tellement d'amour que souvent le petit va se rendormir sous les douces caresses de sa mère.

Toucher quelqu'un avec amour, c'est un acte de grande tendresse et un geste qui remplit l'autre d'émotion. C'est pourquoi le toucher a une importance vitale dans la communication. Tout le monde a besoin de recevoir des câlins, de sa naissance jusqu'à sa mort. Malheureusement, on ne se touche plus. Dans un couple, c'est souvent une cause de discorde, qui peut aller jusqu'à la séparation.

J'ai souvent entendu cette remarque : « Mon conjoint me touche seulement les soirs où l'on fait l'amour. » Entre-temps, pas de caresses, pas de gestes d'amour, pas de regards amoureux, pas d'enlacements, presque plus de baisers. Comment en sont-ils arrivés là ? Pourquoi ce couple qui était si amoureux, qui pouvait passer des heures à s'embrasser, à se caresser, ne se regarde-t-il presque plus, ne se touche plus ?

Il faut recommencer à la base si on veut raviver la flamme : prendre des bains ensemble, se laver mutuellement, se faire de petits massages. Rien d'autre : pas de sexe, seulement se toucher, recommencer à s'embrasser. Essayez cela deux à trois fois par semaine et votre vie de couple changera.

Aujourd'hui, les gens paient pour se faire toucher. Regardez les petites annonces dans les journaux : masseuses, frotteuses, etc. Ça fonctionne parce qu'on a terriblement besoin de ce contact physique avec une autre personne. C'est un besoin vital.

Les enfants aussi ont besoin d'être touchés, rassurés. Ils ont tellement besoin d'amour. Si nous voulons qu'ils grandissent sans carences affectives, il faut les border le soir au coucher, les embrasser, leur dire combien nous les aimons. Il ne faut pas avoir peur de les prendre dans nos bras, de les enlacer, de les sécuriser. Un enfant qui se sent aimé a beaucoup de chance. Malheureusement, l'adolescent insatisfait et mal aimé tentera désespérément d'aller chercher ailleurs ce qui lui manque. Cette étape de la vie, qui pourrait être si riche en apprentissages et en réalisations de toutes sortes, devient, aujourd'hui plus que jamais, une fuite des responsabilités par le biais de la drogue, de l'alcool, du décrochage scolaire, du vol, du suicide et d'une sexualité abusive.

Voilà pourquoi il est si important d'assurer à ces enfants que nous avons mis au monde une enfance et une adolescence heureuses et épanouissantes. Il faut essayer de les combler de tendresse, d'amour et d'équilibre. Nos paroles, nos gestes d'amour et de compréhension sont des semences qui vont germer dans leur cœur. Tôt ou tard, les principes et les valeurs que nous leur aurons inculqués referont surface. L'enfant apprend l'amour dans la voix chaude de sa mère, l'espoir dans les bras forts de son père, et l'équilibre dans les gestes d'amour de ces deux êtres qui lui ont donné la vie.

Je ne sais pas si vous avez reçu de la part de vos parents des câlins, de l'écoute et des baisers, mais j'ai souvent entendu dire dans mes salles de cours : « Moi, mes parents ne m'ont pas montré leur amour de cette façon, et ça m'a manqué énormément. J'ai beaucoup souffert et je me rends compte que je suis en train de répéter les mêmes erreurs avec mes enfants. Peut-être que mes parents avaient eu cette forme d'éducation, car donner des baisers, dire "je t'aime" et nous prendre dans nos bras n'était pas nécessaire pour eux. C'était peut-être de la gêne ou de la timidité, peut-être même de l'ignorance. Moi, mes parents m'ont surtout fait des reproches : "T'as pas fait tes devoirs, t'es un traîneux ! Tu ne feras jamais rien de bien, tu es un paresseux ! Regarde ta sœur, elle a de bonnes notes à l'école, elle va réussir dans la vie. C'est pas comme toi, tu n'as aucune ambition." »

Je sais que c'était leur façon d'éduquer, mais il faut avoir le courage de changer les choses, briser cette roue qui tourne dans le mauvais sens depuis plusieurs générations peut-être. Nous devons donner à ceux qui nous entourent tout l'amour que nous avons, et surtout le montrer par des actions et des gestes positifs. Ça, c'est de la vraie communication ! Il ne faut pas avoir peur de donner la main à nos compagnons et compagnes de travail, de leur souhaiter une bonne journée, de serrer un frère ou d'autres membres de notre famille dans nos bras, de faire des câlins à nos amis. Voilà ce qui change une vie.

Le verbal et le non-verbal

Ce sont les quatrième et cinquième formes de communication. Les expressions en disent long, surtout si vous arrivez chez des amis à l'improviste, ou bien si vous avez décidé d'aller voir un membre de votre famille sans téléphoner avant et sans avoir été invité. Personne n'a besoin de vous dire que vous dérangez, le regard suffit. Vous comprenez très vite que vous n'êtes pas le bienvenu. Immédiatement, vous vous sentez embarrassé et vous n'avez pas besoin de parler, ça se voit et ça se sent. Vous connaissez sûrement l'expression suivante : « Il m'a fait sentir mal à l'aise. » Eh bien, c'est ça, le non-verbal.

Lorsqu'on veut punir quelqu'un ou le faire sentir coupable, on fait quoi? On l'ignore carrément, on se replie sur soi, on ne dit plus un mot. Car on sait très bien que l'indifférence fait souffrir. C'est comme si l'autre n'existait plus Et je peux vous affirmer que plusieurs personnes utilisent malheureusement cette forme de communication qui fait terriblement mal. Certaines d'entre elles peuvent passer plusieurs jours et même plusieurs semaines sans se parler, même si elles vivent sous le même toit. Cette forme de communication non verbale nous détruit et détruit aussi ceux qui nous entourent.

Heureusement, on peut changer les choses en appliquant une autre forme de communication: la communication verbale, celle qui demande du courage pour dire ce que l'on a besoin de dire, ce que l'on ressent au fond de soi, dans ses tripes.

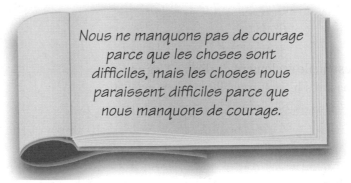

Nous ne manquons pas de courage parce que les choses sont difficiles, mais les choses nous paraissent difficiles parce que nous manquons de courage.

Oui, mes amis, ça prend du courage pour parler à son fils calmement lorsqu'il arrive le soir au lieu de crier de cette façon: «T'es encore gelé, maudit épais! Regarde-toi, t'as encore pris de la drogue, cabochon de sans dessein! T'es en train de ruiner ta vie!» N'importe quel père peut dire ça à son enfant. Mais je veux vous parler de la vraie forme de communication, celle qui vient du cœur. Je sais que ce n'est pas facile, mais l'amour, c'est de regarder son jeune dans les yeux et de lui dire: «Écoute, mon fils, je sais que ça ne va pas depuis quelques mois. Tu passes une mauvaise période. Est-ce que je peux faire quelque chose pour toi? Viens, on va s'asseoir et on va se parler tous les deux. Je vois que tu n'es pas heureux, mon fils, mais je veux que tu saches que je t'aime, que tu es important pour moi, que tu comptes plus que tout et que je vais tout faire pour t'aider.» N'ayez pas peur de le prendre dans vos bras et de l'embrasser. Ce n'est pas nécessaire de lui dire qu'il est gelé, il le sait! Si vous saviez toute la culpabilité qu'il ressent, tous les mensonges qu'il doit raconter. C'est pour ces raisons qu'il a souvent pensé à se suicider, même s'il vous ne l'a jamais avoué. Il n'ose même plus vous fixer dans les yeux, il regarde par terre, il a honte, il est tout déchiré en dedans.

Je sais que ce n'est pas facile pour certains parents lorsque cela fait de nombreuses fois qu'ils essaient, mais ce soir-là le père a peut-être sauvé son enfant. Il faut qu'un père sorte avec son fils : faire du sport ensemble, jouer au billard, voir une partie de hockey, patiner, skier ou marcher, aller au cinéma, qu'importe. Mais il faut lui accorder du temps et lui donner de l'amour. Il faut tisser des liens serrés avec lui, c'est tellement important pour son équilibre. C'est en vous occupant de lui que vous l'aiderez à devenir un homme. Vous deviendrez son idole. Il n'aura plus besoin de chercher un modèle dans des gangs, il vous aura, vous, son père. Mais ça prend du courage pour aider son enfant en difficulté.

Il est facile également de dire : «T'es encore saoul, le père.» L'homme ne va pas très bien, il travaille trop, ou peut-être pas assez. Il a d'énormes responsabilités, alors il s'évade. C'est facile de lui lancer : «C'est comme ça toutes les fins de semaine. Quand vas-tu arrêter de boire? J'ai honte d'emmener mes amis à la maison, je suis écœuré de toi, le père !» N'importe qui peut dire cela, mais ça prend du courage pour dire plutôt : «Papa, je sais que tu n'es pas heureux. Est-ce que je peux faire quelque chose pour toi?» Il ne faut pas avoir peur de le prendre dans ses bras et de lui dire : «Je t'aime, papa.» Surtout, il ne faut pas lui rappeler qu'il est saoul, il le sait, il s'en veut assez comme ça. Il voudrait arrêter de boire, mais il manque de courage. Il a pris une mauvaise habitude et il ne sait plus comment faire pour changer les choses. C'est pour ça qu'il est souvent déprimé et de mauvaise humeur. Il voudrait suivre une thérapie, mais il manque de motivation. C'est facile de juger son père, mais l'accepter comme il est, c'est l'aimer simplement. Qui sait, peut-être un jour aura-t-il le courage de se prendre en main.

La communication entre un père et son fils n'est pas toujours aisée, entre une mère et sa fille non plus. Il y a souvent des affrontements. La jeune fille a décidé qu'elle pouvait se passer de l'autorité parentale et n'hésite pas à oublier les règlements. Elle ne veut plus rendre de comptes sur ses allées et venues, et elle rentre à la maison à l'heure qui lui plaît, c'est-à-dire toujours trop tard. La mère n'en peut plus, elle engueule son enfant sans arrêt : « Quand vas-tu arrêter de courailler, ma fille ? On ne sait jamais où tu vas, ni avec qui tu es. Tu sors avec des gars différents toutes les fins de semaine, tu bois. Et regarde comment tu t'habilles ! On dirait une fille qui offre son corps à tout le monde. Tu ne respectes rien, tu ne te respectes plus. Tu me rappelles ta tante Anita. Tu vas finir comme elle, une moins que rien ! »

Vous savez, mes amis, on en dit des choses lorsqu'on est fâché et qu'on n'en peut plus. Surtout lorsqu'on a l'impression de parler dans le vide, c'est frustrant. Mais si on changeait notre façon de parler avec notre fille, qu'on la prenait dans nos bras et qu'on lui disait : « Qu'est-ce qu'il y a, ma fille ? Que cherches-tu dans tous ces hommes toutes les fins de semaine ? Tu changes de garçon constamment. On devrait se parler toutes les deux. Je t'aime, car tu es une fille formidable. Je sais que tu n'es pas heureuse, j'aimerais tellement t'aider. On va s'accorder du temps ensemble pour se parler. »

Ça prend du courage pour aider sa fille en détresse. Ce n'est pas en la jugeant et en l'engueulant qu'on va pouvoir le faire. Il faut lui dire qu'on la trouve belle et intelligente, la revaloriser, faire du renforcement positif, sortir avec elle, aller au cinéma, au restaurant, faire du magasinage, aller marcher ensemble, être près d'elle, avec elle et non contre elle.

Le papa aussi a une très grande importance, car c'est le premier homme de sa vie. Si elle sent qu'elle de la valeur à ses yeux, elle s'épanouira mieux comme femme, car ce qu'un père pense de sa fille a une valeur inestimable. S'il lui fait des reproches continuellement sur son habillement, sa façon d'être, ses comportements et ses études, et si la jeune fille ressent qu'elle ne pourra jamais arriver à satisfaire son père quoi qu'elle fasse, elle ne se sentira jamais à la hauteur et ne pourra jamais répondre à ses attentes. Ce sera un fiasco, car lorsqu'elle deviendra une femme, elle essaiera par tous les moyens d'être aimée d'un homme. Elle ne sera jamais authentique, car elle aura perdu quelque chose de précieux dans sa jeunesse : l'estime d'elle-même. Elle se regardera toujours avec les yeux de son père et elle croira qu'elle ne vaut pas grand-chose. Elle pensera que s'il ne l'aimait pas, c'est que personne ne peut l'aimer. Alors, elle achètera l'amour.

Il faut donc changer nos attitudes face à nos enfants. Les gestes d'amour et les paroles d'encouragement sont indispensables pour leur avenir. À long terme, ça donne des résultats surprenants. Essayez ! Qu'est-ce que vous avez à perdre ? Rien, au contraire. C'est ça, prendre ses responsabilités. Vous avez le droit de changer, c'est ce qui est extraordinaire !

Maintenant, en ce qui concerne la vie à deux, ça prend du courage pour faire les premiers pas, pour se parler lorsque la vie de couple devient moins intéressante et plus tumultueuse. Ça prend du courage pour se rapprocher lorsque, depuis des années, on se boude, lorsqu'on joue le jeu de l'indifférence, lorsqu'on ne peut se parler sans se confronter ou s'affronter, toujours sur la défensive. On ne se parle plus, on s'attaque. Ça prend du courage pour dire : « Écoute, ma femme… Écoute, mon mari… qu'est-ce qui ne fonctionne plus entre nous deux ? On dirait qu'on a développé la maladie d'avoir raison. Avant, on se parlait, on discutait ensemble. Maintenant, on crie ou on boude. Avant, lorsqu'on se touchait, ça nous excitait. Maintenant, lorsqu'on se touche, ça nous énerve. On s'aimait tant, qu'est-ce qui nous est arrivé ? On se critique sans arrêt, on se dit des paroles mesquines et blessantes, on ne se respecte plus. Avant, on n'était pas toujours du même avis, mais on était capables d'en discuter sans se manquer de respect. On est continuellement en compétition, on se passe des messages qui nous font nous sentir coupables. On cherche continuellement à dominer l'autre, à le contrôler. Nos paroles sont souvent méchantes et prennent des proportions démesurées. »

Ça prend du courage pour reconnaître que l'on a un grave problème de couple, pour décider d'aller à la rencontre de l'autre. Mais si vous désirez être heureux, il faut avoir le courage de changer les choses en commençant par modifier vos attitudes. Il faut accepter l'autre comme il est, arrêter de vouloir le changer, reconnaître que nous sommes différents, avec des pensées et des personnalités différentes, comprendre enfin qu'un homme n'exprime pas ses sentiments et ses émotions comme une femme. Lui ne pleure pas, il ne parle que très rarement de ce qu'il ressent. Il faut redevenir des amis, trouver en l'autre ses qualités et les partager.

Parlez-vous et traitez-vous comme de véritables amis. Soyez loyal l'un envers l'autre. S'il le faut, rappelez-vous le passé. Essayez de retrouver en l'autre ce qui vous a plu lorsque vous l'avez rencontré. Ce n'est pas une démarche facile, mais présentement vous vivez un enfer, alors essayez au lieu de vous critiquer sans arrêt. Épaulez-vous, partagez vos sentiments, acceptez que l'autre ne pense pas comme vous, soyez deux êtres authentiques, bâtissez votre futur sur une amitié sincère. Retournez à la base, déterminez clairement vos priorités et respectez-les. Traitez l'autre comme vous aimeriez être traité vous-même.

Une relation de couple harmonieuse est un choix qui est fait par chacun des partenaires. C'est une décision que l'on prend à deux en étant honnête et réaliste. Si vous croyez que votre couple en vaut la peine, alors donnez-vous à fond tous les deux. Croyez-moi, mes amis, la critique ne donne aucun résultat. Elle nous empêche de voir le beau chez l'autre et nous fait développer de mauvais comportements. Accepter ses différences, c'est comprendre que les êtres humains sont comme une forêt remplie d'arbres différents. Il y a des saules pleureurs, des épinettes, des chênes, des pommiers, des pins, etc. Alors, imaginez que votre conjoint soit une épinette et vous un pommier, et que, pendant des années, l'épinette frappe avec une hache sur les racines du pommier, en lui disant : «Écoute, pommier, je suis écœurée de tes pommes, tu ne pourrais pas de temps en temps me donner des cocottes?» Puis le pommier prend la hache et frappe à son tour sur les racines de l'épinette, en disant : «Écoute, épinette, je suis écœuré de tes cocottes qui traînent partout. Tu ne pourrais pas me donner des pommes de temps en temps?»

À force de vous attaquer à l'arbre en lui répétant constamment : «Pourquoi n'as-tu que six branches au lieu de huit? Pourquoi pousses-tu en hauteur plutôt qu'en largeur? Je n'aime pas ce que tu es», vous finissez par faire mourir ses feuilles. En voulant le rendre à votre goût, vous le détruisez. Vous savez aussi bien que moi que même le plus bel arbre ne donne que ce qu'il a. Si vous bûchez continuellement sur ses racines, il va finir par mourir et ne plus rien donner.

Votre père est peut-être un saule pleureur, il chiale tout le temps; votre frère est peut-être un chêne, tout le monde le traite de tête dure. Cet exemple peut paraître bizarre, mais à bien y penser, c'est ce qui fait la beauté de la forêt : la diversité des arbres. Et l'on accepte cette nature comme elle est.

Je ne crois pas qu'une personne irait dans la forêt et regarderait une épinette en espérant y cueillir des pommes. Alors, pourquoi nous les êtres humains, sachant que nous sommes tous différents, avons-nous tant de difficulté à accepter que l'autre ne soit pas comme nous ? C'est pour cette raison que nous sommes si souvent frustrés : parce que nos attentes ne sont jamais comblées. Michel Quoist écrivait : « Tes regrets sont autant de barrières qui séparent alors qu'il faut s'unir. »

Si vous dites : « Ce n'est pas ma faute, il a changé », n'est-ce pas vous qui avez changé ? Et s'il n'est plus le même, pourquoi vous en étonner ? C'est un être vivant que vous avez comme partenaire, et non une image figée. Aimer un homme ou une femme, c'est toujours aimer un être imparfait. Alors, cessons de reprocher à l'autre de n'être pas celui ou celle que nous espérions. Souvent, nos proches nous déçoivent par leurs comportements ou leurs attitudes. Mais avez-vous pensé, mes amis, que nous aussi nous devons décevoir les autres ?

C'est pour cette raison que la communication est si importante. C'est la clé qui ouvre les portes du cœur, mais ça prend du courage. Pour être heureux, il faut apprendre à agir, à poser des gestes. Je vous assure que si la communication est faite avec amour, respect et tolérance, vous aurez des résultats positifs. Vous vous rapprocherez des gens que vous aimez. Seulement, il ne faut jamais faire cette démarche en pensant que l'autre est obligé de l'entreprendre aussi, sinon ce serait de la manipulation. Peut-être que l'autre n'est pas prêt, alors acceptez-le, il faut au moins essayer avec sincérité. Je vous souhaite de réussir, ça vaut la peine.

Pour vous aider dans cette démarche, demandez-vous avec qui vous pourriez communiquer cette semaine, et pourquoi. Voici quelques suggestions, suivies de commentaires.

Avec mon père. Pourquoi ?

- *Lui et moi, on est toujours en conflit.*
- *Je trouve qu'il boit trop, j'aimerais tellement lui dire qu'il se détruit et que je l'aime.*

- *On ne fait jamais rien ensemble.*
- *Il ne m'encourage jamais. J'aimerais tellement lui dire à quel point j'ai besoin de lui.*

Peut-être que vous aimeriez lui dire autre chose également. Alors, prenez votre courage à deux mains et allez vers lui. Allez lui parler avec votre cœur, communiquez avec lui. N'essayez pas de le rendre coupable par vos paroles, agissez avec sincérité.

Avec ma mère. Pourquoi?

- *Je ne m'entends pas bien avec elle, on se dispute constamment. Dès qu'on se parle, on monte toutes les deux sur nos grands chevaux. J'aimerais tellement qu'on puisse discuter et se comprendre.*
- *Je n'ai jamais raison avec elle, elle est très contrôlante. J'aimerais tellement lui dire qu'elle peut me faire confiance, que je ne suis plus une enfant.*
- *On a eu des conflits elle et moi dans le passé. Depuis ce temps, on ne se parle plus. J'aimerais qu'on se pardonne mutuellement pour enfin se retrouver et former une famille à nouveau.*
- *Elle crie continuellement après moi, on dirait que je suis son souffre-douleur depuis que mon père est parti. J'aimerais tellement lui dire que je sais qu'elle souffre et que j'ai mal aussi, et qu'au lieu de se crier après on devrait se soutenir.*

Alors, allez vers votre mère pour parler avec elle. Ouvrez votre cœur sans tenter de régler des comptes. Dites-lui à quel point elle vous manque. Soyez sincère et communiquez avec elle. N'essayez pas de la culpabiliser, car vous refermeriez à nouveau les portes que vous essayez d'ouvrir.

Avec mon fils. Pourquoi?

- *Je n'en peux plus de ses comportements. Il se drogue, il manque l'école, il vole et il ment continuellement. J'aimerais tellement lui dire que je l'aime, qu'il peut compter sur moi s'il a des problèmes, que je n'en peux plus de le voir se détruire.*
- *Il se croit à l'hôtel, sa chambre est pire qu'un dépotoir. Il ferme la porte à clé, il ne veut jamais qu'on entre. J'aimerais tellement lui dire à quel*

point il me manque, que s'il le voulait on pourrait vivre en harmonie ensemble comme une vraie famille, que la seule chose que j'attends de lui, c'est qu'il nettoie sa chambre.

- *Il ne nous parle jamais. Il rentre à la maison très tard, on ne connaît pas ses copains. On est comme des étrangers. J'aimerais tellement le prendre dans mes bras, lui dire à quel point j'aimerais que l'on fasse des choses ensemble, qu'il peut amener ses amis à la maison. J'aimerais vraiment parler avec lui.*

Alors, faites-le. Trouvez le bon moment, dites-lui tout votre amour, et non vos déceptions. Rapprochez-vous de lui, établissez un climat de confiance. N'ayez pas peur qu'il vous repousse, et s'il le fait, n'abandonnez pas. Écrivez-lui des lettres où vous lui exprimez votre amour. Placez-les sous sa porte de chambre. Vous verrez, à force de persévérance et d'amour, vous réussirez.

Avec ma fille. Pourquoi ?

- *Je trouve qu'elle a changé depuis qu'elle sort avec son copain. Elle néglige l'école, boit beaucoup et n'est jamais à la maison. Je suis très inquiète pour elle. J'aimerais tellement lui demander si elle a besoin d'aide, lui dire combien je l'aime, la prendre dans mes bras.*

- *Elle est tatouée et chaque mois elle se fait faire un nouveau tatouage. Je ne la comprends plus. J'aimerais lui demander pourquoi elle se fait mutiler à ce point, lui dire que je l'aime. J'aimerais tellement qu'elle me fasse confiance comme avant, nous qui étions si proches. Qu'est-il arrivé pour que maintenant on soit si loin ? J'aime tellement ma fille !*

- *Elle est partie habiter avec un gars qui la fait pleurer tout le temps, il ne la respecte pas du tout. Elle me dit de me mêler de mes affaires. Je sens qu'elle a peur de lui.*

- *J'aimerais tellement qu'elle accepte de me parler, qu'elle me fasse confiance, qu'elle sache que je ne suis pas là pour la juger mais pour l'aider. J'aime ma fille profondément, je voudrais lui dire qu'elle n'est pas seule et que je serai toujours là pour elle si elle a besoin de moi.*

Alors, parlez à votre fille. Ouvrez-lui votre cœur. Dites-lui tout votre amour sans lui donner de conseils ou lui faire de recommandations, et surtout sans la juger ou la culpabiliser. Acceptez-la. Ne la laissez pas tomber, gardez contact avec elle. À force d'amour et de compréhension, elle vous ouvrira son cœur. À ce moment se produira la vraie communication, celle qui vient du cœur.

Avec mon beau-frère. Pourquoi ?

- *Lorsqu'on se voit dans des rencontres de famille, je préfère me tenir loin de lui. Il m'a emprunté de l'argent et ne me l'a jamais remis. J'ai peur de ce que je pourrais lui dire si je lui parle.*

Essayez, vous n'avez rien à perdre. Peut-être qu'il ne vous rendra jamais cet argent, mais au moins vous aurez tenté de mettre de l'harmonie dans la famille. Peut-être que c'est autre chose qui s'est passé et que ça vous fait mal de voir que vos familles se sont éloignées. Communiquez avec votre cœur et vous verrez bien.

Avec mon ex-conjoint. Pourquoi ?

- *Depuis que nous sommes séparés, nous vivons l'enfer. On se chicane pour la garde des enfants, pour la pension alimentaire. On se dit des gros mots, on n'est pas capables de se parler sans crier. Je me demande ce qui a pu nous arriver. Pourtant, on s'aimait et maintenant on se déchire sans arrêt. Et ce sont les enfants qui sont les otages. On n'a plus de respect l'un envers l'autre. On s'en veut, on est frustrés. Il n'y a aucune forme de communication entre nous. On se parle par avocats interposés. Comme c'est triste d'être devenus deux parents qui sont continuellement dans un ring de boxe ! Je te donne un coup, tu m'en donnes un plus fort, jusqu'à ce que ce soit un K.-O. Ce serait pourtant si facile de s'entendre et de se communiquer les besoins des enfants. Ces disputes ne les concernent pas vraiment. Ce sont des rancunes d'adultes, des frustrations accumulées, et souvent un désir de vengeance.*

Vous vivez peut-être une situation difficile en ce moment. J'aimerais vous dire qu'avec la communication on peut régler bien des choses. Essayez de trouver la meilleure façon pour vous d'y arriver. Bonne chance et bon courage !

*
* *

Je suis conscient que je vous demande des choses très difficiles, mais il n'y a pas d'harmonie possible dans une famille sans communication. Je ne vous apprends rien en vous disant cela. J'ai rencontré au cours des années tellement de gens souffrant de solitude, même entourés de plusieurs personnes, à cause d'un manque de communication. J'ai vu des parents souffrir profondément parce que leurs enfants avaient fermé la porte de leur maison en raison d'un malentendu. J'ai vu des enfants dévastés parce que leurs parents les avaient jetés dehors par incompréhension et en raison d'un manque de communication. Les années passent et personne ne réagit. Qui va faire les premiers pas, eux ou nous ?

La vie est courte, mes amis, il faut cesser de rester sur vos positions. Essayez encore et encore. À force de frapper à la porte, vous allez finir par la voir s'ouvrir. Je peux vous assurer que l'effort en vaut la peine. Il faut faire de la place à la compréhension et à la tolérance dans notre cœur. Sinon, nous nous endurcissons et plus rien ne nous fait réagir, nous nous en foutons, et ça c'est triste, mes amis. Avoir un cœur froid, c'est avoir un cœur sans amour. Parce que l'amour, c'est la chaleur, c'est la flamme qui nous habite. S'il vous plaît, ne laissez pas le froid de la vie vous envahir, réagissez !

Ne détruisez jamais l'amitié qui vous est si chère depuis des années parce qu'un soir des paroles blessantes ont été dites et qu'à partir de ce moment une coupure s'est faite en vous et vous vous êtes dit : « C'est fini. Plus jamais ce ne sera comme avant… » Mes amis, si ces personnes représentent beaucoup pour vous, mettez votre orgueil de côté, lâchez prise sur votre frustration et retournez vers ceux que vous aimez, sans jugement, sans amertume, avec amour. Quelle merveilleuse aventure que celle de l'amitié ! Aimer ceux qui ne sont pas de notre famille aussi fort que des frères et des sœurs. Avoir le désir d'être ensemble, connaître la joie de se retrouver, de se parler, de se confier. Dans ces échanges, souvent maladroits, il y a tant de sincérité et d'accueil. Le partage, les éclats de rire, la compréhension et aussi la chaleur de ces êtres nous aident à ressentir le parcours de la vie. Ne plus jamais être seul : c'est ça, l'amitié.

Je vous souhaite à tous d'avoir des amis sincères et de retrouver votre famille. Retissez bien serré les liens du cœur.

EXERCICE

• Quels sont vos objectifs à atteindre cette semaine?

_____

_____

_____

• Avec qui aimeriez-vous vous dépasser dans votre communication?

_____

_____

_____

 **La réussite, c'est prendre conscience de ses possibilités et avoir le courage de ses actions. Bravo et félicitations pour les gestes que vous posez!**

62

TROISIÈME CONFÉRENCE : L'AUTONOMIE

Cette conférence est destinée à tous ceux et celles qui cherchent le bonheur. On passe sa vie à chercher des façons de l'atteindre. On sait qu'il existe puisqu'on connaît des gens qui semblent l'avoir trouvé : certains en Inde ou sur le chemin de Compostelle, d'autres en faisant des retraites fermées ou des psychothérapies, d'autres encore en divorçant ou en se mariant.

Mais où est-il, ce fameux bonheur ? Où se cache-t-il ? Pourquoi est-il si difficile à trouver ? Souvent, c'est une quête qui n'en finit plus. Nous sommes tous à la recherche du bonheur, c'est inné en chaque être humain.

Plusieurs personnes s'imaginent qu'en gagnant à la loterie elles pourront enfin acheter le bonheur. Soyons réalistes, mes amis, vous savez très bien que l'argent ne fait pas le bonheur. Nous le savons tous au fond de nous, mais nous voulons quand même continuer d'espérer en dépensant et en nous disant qu'un jour ça sera notre tour !

Certains cherchent le bonheur dans l'horoscope quotidien, en voyant des tireuses de cartes ou en rencontrant des médiums. Ils espèrent que toutes ces personnes auront une recette bien précise à leur donner et que c'est de cette façon qu'ils trouveront le bonheur.

Plusieurs parents se persuadent que leur vie sera plus belle lorsque leurs enfants seront grands. Mais lorsque arrive l'adolescence, ils sont frustrés parce que le bonheur est difficile à vivre avec des ados. Alors, ils se disent qu'ils seront vraiment heureux lorsque les enfants auront quitté la maison, que les choses iront mieux, qu'ils pourront se payer une voiture neuve ou partir en vacances, et que lorsqu'ils arriveront à leur retraite, là, ils seront enfin heureux !

Comme c'est triste, mes amis, car pendant ce temps la vie passe. Le bonheur est une trajectoire, et non une destination. Lorsqu'on achète une automobile neuve, on nous donne un guide expliquant comment entretenir notre véhicule pour le garder dans le meilleur état possible pendant des années. Mais la vie ne vient jamais avec un mode d'emploi. On vient au monde et on apprend au fur et à mesure que la vie passe.

On a tendance à croire que les gens qui réussissent à être heureux ont eu tout cuit dans le bec, comme on dit, qu'ils ont eu la vie facile. Je peux vous assurer que vous êtes dans l'erreur si vous pensez cela. Il n'y a rien de facile, mes amis, même pas pour ceux qui semblent avoir obtenu tout ce qu'ils désiraient. Car la vie est toujours pleine de défis à relever et de projets à terminer. Alors, arrêtez d'attendre : décidez d'être heureux maintenant !

Pourquoi ? Parce que le bonheur ne s'achète pas, il ne se vend pas non plus. Personne ne peut le trouver sur la tablette d'un supermarché. Le bonheur, la réussite, l'autonomie, c'est une attitude, une décision, un état d'esprit, un comportement. Le bonheur se trouve là où les gens ne le cherchent jamais, c'est-à-dire *à l'intérieur de chacun d'eux*.

Pour le trouver, il faut y mettre les efforts. Si je vous demandais combien d'heures cette semaine vous avez consacrées à être heureux. Posez-vous la question. Soyez sincères, mes amis. Pourtant, tous les grands sportifs, tous les athlètes s'exercent en moyenne huit heures par jour pour devenir des champions, pour atteindre leurs objectifs. Et nous, nous voulons atteindre le bonheur et nous ne nous y entraînons presque jamais !

Cet entraînement commence par l'apprenti-sage. Il faut développer certaines qualités qui sont souvent enfouies très profondément en nous. Pour arriver à atteindre notre but, il faut avoir de l'audace, ne pas craindre le risque, développer notre créativité et notre autonomie, et arrêter d'être dépendants de tout et des autres. Il faut apprendre à être débrouillards, faire preuve de beaucoup de ténacité, ne pas avoir peur de prendre des responsabilités, et surtout poser des gestes. De cette façon, vous verrez, mes amis, que le bonheur et la réussite viendront à vous.

Il y a des gens qui n'ont pas d'audace, qui n'entreprennent jamais rien parce qu'ils ont peur de se tromper. Mais c'est ça, l'apprenti-sage ! Qu'importe si ça ne marche pas au premier, au deuxième ou même au dixième coup, il faut essayer, il faut persévérer ! Plusieurs abandonnent après un seul essai infructueux. Pour eux, c'est déjà un échec.

Combien de personnes sont à la recherche d'un emploi mais n'osent pas frapper aux portes ? Elles ne se sentent pas à la hauteur. La peur les paralyse, elles manquent de confiance, d'estime de soi et d'audace. Je vais vous donner un petit truc. Lorsque vous postulerez pour un nouvel emploi, proposez ceci à l'employeur : «J'aimerais travailler pour votre merveilleuse compagnie. Je vous donne deux semaines pour m'évaluer et je ne demande aucune rémunération. Si vous me croyez à la hauteur du travail que vous m'avez confié, alors vous m'engagerez.» Ça, mes amis, c'est de l'audace ! Vous ne serez pas déçu.

Pour vos entrevues, portez une attention particulière à votre tenue vestimentaire, soyez à la hauteur de la compagnie. Mesdames, si vous postulez pour un travail de bureau, évitez les décolletés plongeants, les jupes trop courtes et optez pour un maquillage discret. Habillez-vous en fonction du poste que vous convoitez et vous verrez que ce sera une corde de plus à votre arc.

Il y a des risques à essayer de nouvelles choses : celui d'échouer mais aussi celui de réussir. Thomas Edison, celui qui a inventé l'ampoule électrique, a échoué au moins un millier de fois avant de réussir. Il a dit à ce sujet : «Je n'ai pas échoué mille fois. J'ai simplement découvert mille façons de ne pas faire une ampoule électrique.» Et vous, mes amis, êtes-vous prêts à prendre des risques ? Avez-vous essayé au moins cent fois ?

J'ai connu quelqu'un qui voulait acheter une maison. Lorsqu'il s'est présenté à la banque, il avait l'air abattu, manquait de confiance en lui et parlait au gérant en ayant l'air de quémander une faveur : «S'il vous plaît, monsieur, accordez-moi ce prêt, j'aimerais tellement m'acheter une petite maison.» Que pensez-vous qu'il est arrivé ? N'oubliez jamais que l'argent de la banque n'appartient pas au gérant. Lui, il est là pour faire des affaires. Vous, vous lui rendez service, car en vous prêtant l'institution fera beaucoup de profits avec les intérêts que vous lui remettrez. Alors, n'ayez jamais l'air de mendier. Affirmez-vous, ayez de l'audace, n'ayez pas peur du refus. Si une porte se ferme, allez frapper à une autre et vous parviendrez à obtenir ce que vous désirez.

Pour être heureux, il faut trouver en nous ce qui peut nous rendre heureux. Il faut apprendre à développer notre créativité. Tout s'apprend, mes amis. Il n'y a rien d'impossible pour l'être humain. Il faut y croire de toutes ses tripes.

Vous désirez suivre des cours de danse? Allez-y, regardez dans les journaux de votre quartier et inscrivez-vous. Vous aimeriez prendre des cours de peinture? Pourquoi pas? Vous souhaitez faire une croisière en Alaska? Revoyez votre budget, mettez de côté un montant d'argent chaque semaine, et un jour vous atteindrez votre objectif. Allez-y, foncez! Vous désirez devenir dentiste, médecin, infirmière, acteur, chanteur? Vous voulez bâtir des maisons, être propriétaire de restaurants? Pourquoi pas?

Vous souhaitez retourner aux études? C'est un très bel objectif, mais il y a des conséquences. Êtes-vous prêt à les assumer? Posez-vous la question: «Est-ce que je suis prêt à en payer le prix?» Le retour sur les bancs d'école signifie se lever de bonne heure le matin, étudier le soir au lieu de sortir pour, au bout de deux ou trois ans, obtenir son diplôme. C'est le prix à payer, mais ça en vaut la peine, *vous* en valez la peine!

Tout ce que vous entreprendrez au cours de votre vie a un prix. Mais tout ce que vous n'entreprenez pas a aussi un prix. Si vous n'osez jamais rien, vous ferez du surplace. La vie avance, alors avancez avec elle!

Il n'y a que ceux qui ne font rien qui ne commettent pas de gaffes, mais toute leur vie en est une.

La réussite, ce n'est pas réussir, c'est essayer. Même si cela n'a pas fonctionné, vous avez eu le courage qui manque à beaucoup d'êtres humains : celui d'essayer.

Lorsqu'on décide de passer à l'action, quel que soit l'objectif à atteindre, il faut développer sa ténacité : on n'obtient rien sans peiner. Il ne faut jamais culpabiliser les autres si on ne parvient pas à réaliser son but, car on est responsable de ses choix et du résultat. C'est ça, l'autonomie.

Le bonheur et la réussite, ce n'est pas d'avoir atteint la célébrité, de posséder une grosse compagnie ou d'être riche. Non. Le bonheur se trouve dans les petits gestes que l'on fait au quotidien.

Certaines personnes passent leur vie à se plaindre. Pour être heureux, il faut changer ce mauvais comportement. C'est facile, il faut apprendre à sourire. Soyez audacieux, essayez ! Au lieu de critiquer les autres, faites du renforcement positif. C'est sûr que vous risquez de vous faire regarder de travers, mais on vous appréciera pour ce que vous êtes. Soyez tenace, vous allez y arriver !

Soyez un modèle pour vos enfants. Donnez-leur le goût du bonheur. Le bonheur est quelque chose de simple, mes amis. Il se trouve dans les petits bonjours du matin, dans la joie d'un souper en famille, dans les sentiments que l'on n'a pas peur de partager avec ses amis. Le bonheur se cache dans un souper d'amoureux, dans une journée passée avec une personne âgée qui se sent seule, dans l'attente de voir ses enfants la fin de semaine et la joie que l'on a d'être ensemble. C'est ça, le bonheur ! C'est prendre un événement ordinaire et le rendre extraordinaire.

Je me souviens que lorsque nos enfants étaient jeunes, Nicole et moi avions décidé d'accorder de l'importance à l'un d'eux une journée par semaine, à tour de rôle. C'était tellement simple, mais en même temps il se sentait l'être le plus important au monde. On lui demandait ce qu'il désirait manger ; c'est lui qui décidait de tout, y compris le dessert. Il était entendu que toute la famille mangeait ce qu'il avait choisi. Je peux vous dire que c'était le bonheur !

Les petits gestes positifs du quotidien nous apportent un sentiment de bien-être. J'ai constaté que lorsqu'on se fixe des objectifs et qu'on les réussit, automatiquement il se passe quelque chose de magique à l'intérieur de soi. La flamme qui était éteinte se rallume et l'on devient rayonnant de bonheur. Tout part du respect de soi et des autres. On doit s'engager envers soi-même à devenir un meilleur être humain en tant que père, mère, fils, fille, ami, patron ou employé. C'est ça, être une meilleure personne. Ne pas avoir peur de l'engagement, acquérir de nouvelles qualités, développer celles que l'on possède déjà, s'aimer, se laisser la chance d'être heureux, se donner le droit à l'erreur et l'accorder aux autres également, se défaire de ses dépendances et acquérir de l'autonomie.

Le bonheur se trouve dans les petites joies de la vie, ne serait-ce que réapprendre à vivre le moment présent, accomplir avec amour ce que l'on doit faire chaque jour, réaliser des projets et relever de nouveaux défis, tout en étant réaliste. Aimer ce que l'on possède, dire «je t'aime» avec sincérité, sourire à la vie, jouer dehors au moins trente minutes par jour. Être attentif aux changements chez nos enfants, donner le meilleur de soi-même comme parent. Communiquer sincèrement avec son conjoint pendant qu'il est encore temps. Apprendre à se redécouvrir et arrêter d'être déçu de l'autre (car on l'a sûrement déçu aussi).

Apprenez à être créatif dans vos relations, sortez de l'ordinaire. Laissez tomber le masque de l'indifférence. La vie est courte, mes amis. Apprenez à vivre pleinement, soyez des êtres passionnés et déterminés. N'ayez pas peur de prendre des décisions, agissez. Apprenez à définir vos priorités. La vie vaut ce qu'elle nous coûte d'efforts. Et vous, quels efforts êtes-vous prêt à faire pour être heureux?

Ne laissez personne éteindre votre flamme. Vous remarquerez que ceux qui vous découragent et qui ont peur pour vous sont généralement des gens qui craignent de poser des gestes dans leur propre vie et qui n'oseraient jamais entreprendre de nouveaux défis de peur d'échouer. Pour réussir, il faut plus que de la détermination, il faut du courage, de l'audace et de l'humilité. On peut y arriver seul, mais la plupart du temps on a besoin des autres.

Il ne faut pas avoir peur de demander de l'aide. Peu importe le projet qui vous tient à cœur, vous trouverez sûrement dans votre entourage une personne qui pourrait vous être utile. En demeurant souple et ouvert à des solutions créatives, vous obtiendrez des résultats. Ne vous laissez jamais décourager par les obstacles, concentrez-vous plutôt sur la façon de les surmonter. Ne baissez jamais les bras. Croyez en vous, même si personne ne le fait.

J'aimerais vous citer le nom de certaines personnes qui m'ont influencé et qui m'ont amené à ne jamais abandonner. Leurs histoires sont incroyables. La persévérance a été le facteur le plus déterminant dans leur réussite, et dans la mienne.

- J. K. Rowling. Elle avait une grande passion : l'écriture. Elle a commencé son premier roman en 1990, mais il n'a été publié qu'en 1997. *Harry Potter* à *l'école des sorciers* a connu un immense succès. Elle n'a jamais baissé les bras, et elle continue d'écrire. Quelle histoire formidable !

- Ronald Reagan. Un acteur qui devient président des États-Unis, personne ne pouvait l'imaginer, mais lui croyait que tout était possible. Élu à l'âge de 70 ans, il a été en poste de 1981 à 1989. Quelle merveilleuse histoire à retenir !

- Barack Obama. Le 13 janvier 2009, il est devenu le premier président noir des États-Unis. Un homme fascinant qui n'a pas eu peur de faire sa place et de défier toutes les controverses. Quelle histoire remarquable de courage et d'audace !

J'aimerais vous conseiller ceci, mes amis : ne laissez jamais personne vous dire que votre objectif est irréalisable, qu'il est trop audacieux, que vous visez trop haut et que vous n'avez pas les qualifications requises. Le cardinal Newman a dit : « Ne crains pas que ta vie prenne fin un jour, crains plutôt qu'elle n'ait jamais commencé. » Si vous êtes des êtres passionnés, vous ne laisserez personne indifférent.

Le feu de la passion
ne consume jamais l'être humain,
il le propulse vers les sommets.

Pour réaliser des projets et relever de nouveaux défis, il faut travailler à développer certaines qualités essentielles à la réussite :

- l'audace ;
- le risque ;
- la créativité ;
- la débrouillardise ;
- l'autonomie ;
- la ténacité ;
- la responsabilité ;
- l'action.

Croyez-moi, lorsque vous aurez atteint vos objectifs, vous constaterez que vous avez toutes ces forces en vous, elles font la réussite d'une vie.

Un jour, un de mes fils m'a téléphoné et m'a fait part de quelque chose qui l'avait bouleversé. Pendant une conversation avec des jeunes que fréquentaient ses enfants, il avait constaté que plusieurs d'entre eux n'avaient aucun but, aucun exemple pour leur indiquer le chemin qu'ils devaient suivre afin de s'assurer un meilleur avenir. Il m'a dit : « À 18 ans, on devrait être assez autonome pour commencer à compter sur ses propres forces. Mais nos jeunes sont en détresse, ils tournent en rond, ils n'ont pas d'objectifs de vie, ni de vision d'avenir. » C'est pour cette raison qu'il y a autant de décrocheurs. Ils ne savent pas où s'orienter, vers quel métier se tourner. Ils sont pleins de potentiel, mais ils se retrouvent à 17 ou 18 ans avec des dettes : école, cellulaire, auto, assurances, etc. On dit qu'il y a beaucoup de ressources disponibles pour eux, mais pourquoi alors y a-t-il autant de détresse chez nos jeunes ?

À ce moment, j'ai vraiment compris que quelqu'un qui a découvert un but à poursuivre est une personne qui a enfin trouvé un chemin. J'ai discuté longuement avec mon fils et je l'ai félicité pour le soutien qu'il avait offert à ses enfants en allant avec eux voir un conseiller d'orientation expérimenté et compétent. Il les a aidés à trouver leur chemin vers l'avenir, vers une carrière qui leur ressemble et qui saura combler leurs aspirations.

Bravo à toi, mon fils ! Je t'aime et je suis fier de toi. Tu as su accompagner tes enfants dans leurs démarches et les motiver. Par ton écoute et ton amour, tu as fait en sorte qu'ils ne soient pas des décrocheurs. Au contraire, ils ont trouvé leur voie. Grâce à ton implication, ils deviendront des êtres accomplis et autonomes.

Un homme de valeur donnera
toujours ce qu'il y a
de meilleur en lui.

EXERCICE

• Quels sont vos objectifs à atteindre cette semaine?

_____

_____

_____

_____

_____

_____

_____

_____

On peut tout réussir, on peut tout apprendre à la condition d'être conscient qu'il faut poser des gestes. Qui ne risque rien n'a rien. Et surtout n'oubliez jamais ces phrases:

• *Je prends la responsabilité de mes gestes et de mes actions.*

• *J'en accepte les conséquences.*

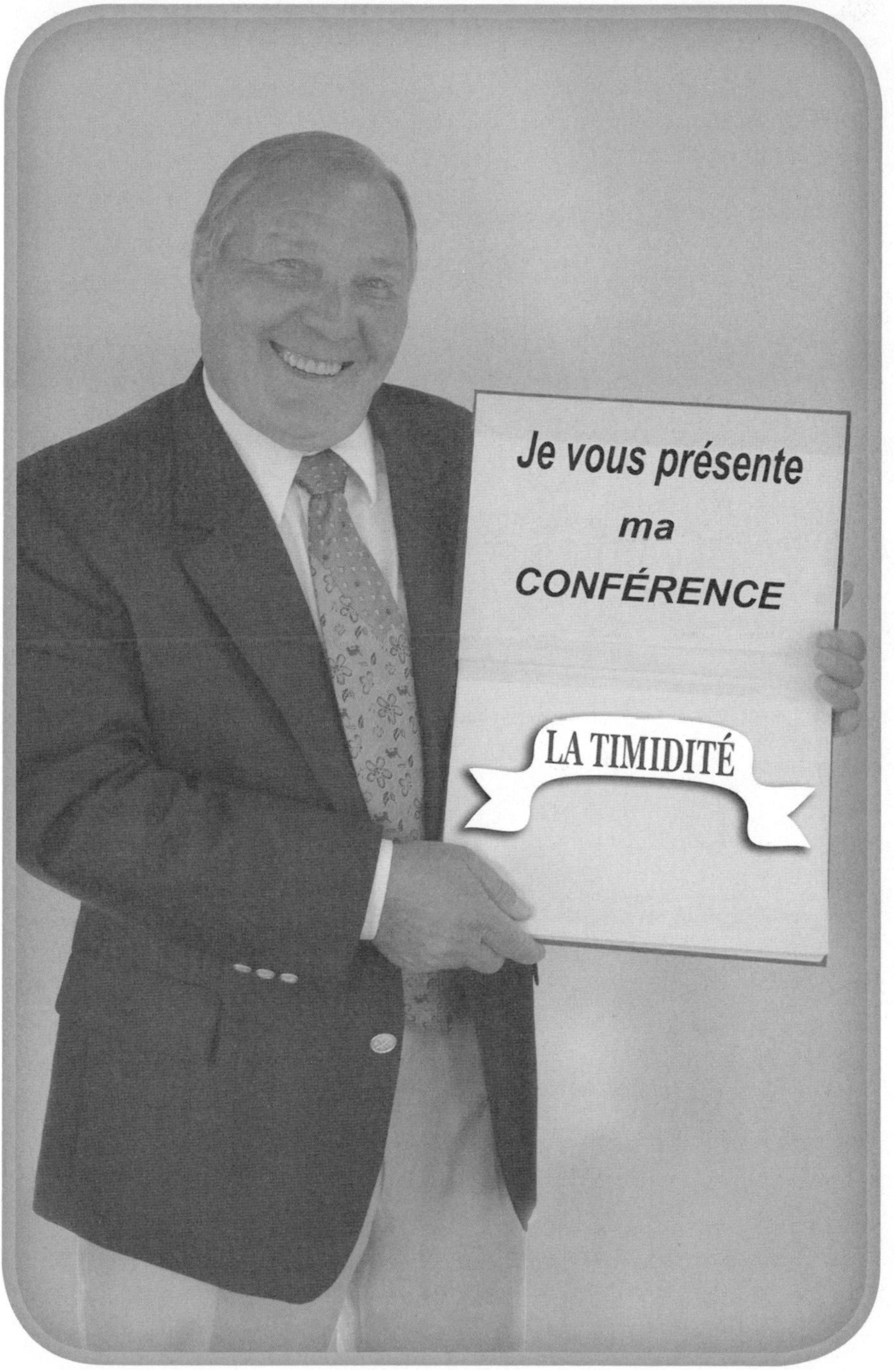
Je vous présente
ma
CONFÉRENCE
LA TIMIDITÉ

QUATRIÈME CONFÉRENCE : LA TIMIDITÉ

Plusieurs personnes m'ont déjà dit : « Moi, Robert, je ne suis pas timide. Au contraire, je serais plutôt du genre un peu effronté. » D'autres m'ont affirmé : « Je ne suis pas timide, j'ai acquis de la confiance en moi depuis plusieurs années. » Alors, pourquoi une conférence sur la timidité ? Eh bien, vous seriez surpris de voir qu'il existe en chacun de nous, dans un recoin, un peu de timidité. Celle-ci ne vient pas simplement d'un manque de confiance en soi. La timidité est un problème personnel grave, mais il y a tellement de gens qui en souffrent qu'on pourrait à juste titre parler de maladie sociale. Par exemple, certains m'ont avoué qu'ils avaient été timides à un moment ou à un autre de leur vie. D'autres m'ont confié être extrêmement timides. D'autres encore m'ont affirmé n'être pas timides du tout, mais reconnaissaient éprouver en certaines circonstances des symptômes physiques associés à la timidité, comme le fait de rougir, d'avoir le cœur qui bat plus fort ou l'estomac noué. Une minorité seulement a soutenu n'avoir jamais éprouvé la moindre impression de timidité.

La timidité est tellement présente dans la société qu'on ne la remarque même plus. Regardez ce qui se passe dans nos écoles : l'intimidation, liée au mot « timide ». On intimide des enfants timides qui n'ont aucun système de défense, aucune estime d'eux-mêmes. On s'acharne sur des êtres introvertis qui ont peur des autres, qui ne sont pas capables de s'exprimer et qui manquent de confiance en eux. On devrait développer, à la maison comme à l'école, la confiance en soi, l'estime de soi, apprendre qu'on est unique et qu'il ne faut jamais se laisser écraser ou humilier. C'est la responsabilité des parents de s'assurer que leur enfant ne se sente jamais à part des autres, même s'il est différent, et qu'il ait lui aussi sa place. Il faut lui apprendre la confiance au lieu de la timidité. Combien de fois des parents m'ont-ils dit: «Mon enfant est gêné, c'est pour ça qu'il n'est pas capable de s'exprimer.» C'est très triste d'entendre de telles paroles de la part d'un père ou d'une mère. Je sais que ce n'est pas fait méchamment, mais souvent on cause du tort à son enfant sans se rendre compte des conséquences.

Très jeune déjà, le petit développe la timidité et le repli sur soi. Il ne comprend pas encore la signification de ces termes, mais il associe très vite son comportement avec les mots qu'il entend. Il faut se défaire de cette habitude que l'on a d'étiqueter nos enfants. Il faut cultiver en eux la petite semence de l'estime de soi et de leurs valeurs personnelles, faire du renforcement positif et cesser de frapper sur leurs points faibles. Acharnons-nous à faire ressortir leurs forces. Rendons-les courageux et forts devant l'adversité. Aidons-les à développer des attitudes positives, apprenons-leur à s'affirmer sans écraser. Les enfants ont besoin d'être approuvés, récompensés et félicités. C'est en reconnaissant à chaque jeune son intégrité individuelle que nous pouvons l'aider à développer le sentiment de sa valeur personnelle.

Nous, parents et éducateurs, devons nous montrer ouverts aux problèmes des jeunes. Il faut les encourager dans leurs efforts afin qu'ils puissent s'épanouir. N'oublions jamais qu'ils ont surtout besoin de notre amour inconditionnel. Apprenons à nos enfants à être autonomes et responsables d'eux-mêmes dès qu'ils s'en montrent capables. Voilà pourquoi j'ai écrit cette conférence sur la timidité: pour comprendre notre vie et celle des gens qui nous entourent.

«Connais-toi toi-même» (Socrate)

La timidité peut jouer un rôle déterminant dans notre vie. Nous devons en connaître les causes si nous voulons nous débarrasser de cette terreur imaginaire. La timidité, c'est la boule rouge qui apparaît lorsqu'on se sent mal à l'aise et que le cœur nous bat à tout rompre parce qu'une personne que l'on croit supérieure à nous nous adresse la parole. En nous examinant minutieusement, nous serons en mesure de développer une plus grande assurance, une meilleure confiance en nous-mêmes, non pas dans un domaine particulier ou dans une circonstance précise, mais à tous les points de vue.

La timidité est rarement naturelle, on ne vient pas nécessairement au monde timide. Mais l'enfant étant très sensible à la suggestion, c'est généralement durant l'enfance que commencent à se dessiner les racines de ce qui le suivra pendant plusieurs années. Une parole ou un geste de la part d'un éducateur peut influencer toute une vie. Parce que la timidité apparaît la plupart du temps en bas âge, toutes sortes de comportements se développent. Voici quelques exemples. À l'école, un professeur dit à un enfant devant tous les élèves : «J'avais ton petit frère l'année dernière dans ma classe. Il était meilleur que toi.» L'enseignant vient de créer un comportement de repli sur soi. Puis, à la maison, la maman lui dit devant la visite : «Va chercher ton cahier et montre à tante Anita comment tu es malpropre. Tu ne feras jamais rien de bien.» Alors, l'enfant se replie davantage sur lui-même. Vers l'âge de 8 ou 9 ans, le petit arrive à la maison en pleurant : il s'est battu avec son ami. Le père lui lance : «Arrête de pleurer, un homme ça ne pleure pas!» À ce moment, l'enfant commence à cacher ses sentiments. Combien de femmes se plaignent du comportement de leur conjoint : «Tu ne pleures jamais, on dirait que tu n'as pas de cœur.» Elles ne savent peut-être pas ce que leur homme a vécu. Depuis son enfance, il s'est forgé une grosse coquille à l'intérieur de lui et s'est enfermé dedans. Il lui est difficile d'en sortir.

Maintenant, imaginez un enfant qui bégaie. Souvent, les autres se moquent de lui. Il pleure et perd toute confiance, un grand manque se développe chez lui. Parfois, il arrive qu'en raison d'un défaut physique ou d'une mauvaise expérience le timide se replie sur lui-même, se sentant inférieur, diminué, pas comme les autres. C'est pour ces mêmes raisons que tant de gens ont peur de faire rire d'eux.

Un timide est quelqu'un qui craint qu'on le ridiculise. N'allez jamais le dévisager, sinon il va vous dire : «Qu'est-ce que tu as à me regarder?» Tout de suite, il devient agressif, il a les nerfs à fleur de peau. Un timide est aussi une personne très rapide… surtout l'hiver lorsque les deux pieds lui partent par en avant sur la glace et que vlan! il se retrouve par terre sur le derrière. Il se relève comme un éclair, puis vérifie si quelqu'un l'a vu. Ensuite, il frotte le malaise… Un timide entre dans un autobus et a le malheur de se frapper le tibia sur la marche. Il sait que tout le monde l'a remarqué. Quelle horreur ! Surtout lorsque le chauffeur lui demande : « Est-ce que vous vous êtes fait mal ? » Il répondra que non, ça va très bien, tout est parfait. Ce n'est pas facile pour une personne timide de vivre une telle situation.

Si une jeune fille timide monte dans l'autobus, tombe de tout son long dans l'allée et qu'un jeune homme la regarde et lui dit : « Toute une entrée, mademoiselle ! », vous pouvez être certain qu'elle descendra au prochain arrêt. Un timide fait souvent des gaffes, il est souvent très maladroit. C'est dommage parce qu'il voudrait tellement bien paraître, être parfait. D'ailleurs, un timide est une personne qui sait tout, qui connaît tout. Ceux qui ont eu un père timide savent de quoi je parle…

La timidité peut également rendre dominateur. Souvent, un homme timide dira à sa conjointe : « Fais ça comme ça. Tu devrais m'écouter aussi. » C'est dû à un manque de maturité intérieure, de confiance en soi et de maîtrise de soi. Alors, il est porté à dominer l'autre.

Un timide n'est pas capable de dire non, il répond toujours oui. Après, il le regrette : « Tout le monde m'exploite. Je suis trop bon. Je dis toujours oui, alors on abuse de ma bonté. » Il se torture mentalement au lieu de dire : « Je regrette, je suis occupé. » Il a peur de déplaire, il veut se faire aimer, alors il essaie de rendre service à tout le monde.

Un homme va chez son voisin timide :

« J'aurais besoin de ton marteau, de ta scie et de ton niveau.

— Pas de problème. Voici mes outils, ça me fait plaisir de te rendre service.

— Merci, je te les rapporte en fin de soirée. »

Vers 22 h 30, le timide dit à sa conjointe : « Il ne m'a pas rapporté mes outils. Tu parles d'un voisin, il ne sait pas vivre ? Il m'avait dit que je les aurais ce soir ! » Toute la semaine, il demande à son épouse : « Et puis, est-ce qu'il m'a rapporté mes outils ? Je peux te dire, ma femme, que c'est la dernière fois ! »

Au bout de quatre jours, l'homme rapporte enfin les outils :

« Merci beaucoup, tu m'as rendu un immense service !

— De rien. Surtout ne te gêne pas lorsque tu en auras encore besoin, je suis à ta disposition. »

Savez-vous pourquoi il répond ainsi ? Parce qu'un timide a deux façons d'être… pour ne pas dire deux faces ! À la maison, il est bougon et de mauvaise humeur, mais dès qu'il est à l'extérieur il change de comportement : « Bonjour, les amis, vous allez bien ? Quelle belle journée ! » Et tout ça en souriant. De retour chez lui, il perd son sourire et retrouve son air grincheux : « Est-ce que le souper est prêt ? Hé, les enfants ! Ramassez votre linge et taisez-vous. Je suis fatigué et je ne veux pas entendre un mot lorsque je rentre à la maison. C'est clair ? » Le matin, lorsqu'il repart pour le travail, il retrouve son air agréable. Il fait souffrir les siens et il est de bonne humeur avec les autres. Il est incapable d'être naturel : un timide, personne ne le connaît vraiment.

Le timide est maladroit et nerveux, et cela lui fait faire toutes sortes de gaffes. Une jeune fille qui invite son petit ami timide à souper ne doit surtout pas lui servir un steak avec des petits pois : elle va en trouver partout sur la table ! Souvent, la timidité favorise le développement d'une double personnalité. Avant d'aller habiter avec son amoureuse, un jeune homme timide n'a jamais de gaz. Après qu'il a emménagé avec elle, il lui dit : « Excuse-moi, chérie, je l'ai échappé… » Il ne ferait pas ça devant son patron ou la secrétaire. Mais il se le permet devant sa femme et ses enfants.

Solitaire parmi les autres

Même s'il vit entouré, il arrive au timide de se sentir seul en raison du manque de communication avec les autres. Il aurait envie de s'exprimer, de faire des confidences, mais même si l'ambiance s'y prête, il se retient de peur qu'on arrive à le connaître. Il se trouve d'ailleurs de nombreuses raisons pour justifier son attitude. Ce qui l'effraie le plus, c'est sûrement de découvrir quelle opinion les gens ont de lui. Il se demande comment il se défendra des critiques qu'on lui adressera et quelles seront les conséquences désastreuses – bien entendu selon lui – de ses moindres faits et gestes. Son imagination est telle qu'il exagère démesurément ses ennuis. Le timide parle tout seul et rumine sans cesse : « Personne ne m'aime, je suis toujours seul. Je suis tanné de la vie, je ne veux voir personne. » Il se fait du mal et du mauvais sang. Il souffre terriblement. Il craint l'entrevue qu'il doit avoir le lendemain. Il s'imagine déjà rougissant, contracté et mal à l'aise devant ses bourreaux. D'avance, il prépare des réponses à des questions qui ne viendront probablement jamais.

Esclave de lui-même

Naturellement, le timide est embarrassé lorsqu'on lui adresse la parole. Il est souvent pris de panique si on l'invite à s'exprimer en public. Au travail, lorsque le patron demande si quelqu'un a des revendications ou des questions, il ne lève pas la main. Par contre, en arrivant à la maison, il raconte à son épouse : « Je peux te dire, ma femme, que je lui ai dit ma façon de penser au patron ! » Parce qu'un timide est souvent un menteur aussi. Ce n'est pas sa faute, il en rajoute tout le temps.

Sa plus grande peur est de ne pas être à la hauteur des autres. Il se sent tellement inférieur qu'il en perd tous ses moyens. C'est pour cette raison qu'il manque souvent de contrôle sur sa personne. Il a tendance à analyser ce qu'on lui dit avant de répondre, il se sent pris au piège. Il hésite, bégaie, bredouille. Il perd patience, s'emporte et sort en claquant la porte : le timide est un « claqueux » de portes ! Il s'énerve facilement. Son agressivité est à fleur de peau. Il souffre et fait souffrir son entourage par son comportement.

Prenez, par exemple, une mère timide qui brasse ses enfants physiquement et psychologiquement. Elle est souvent incapable de contrôler ses comportements agressifs ; ses paroles sont dures et pleines de colère : « Viens ici, toi ! Je t'ai dit de ramasser tes bas ! Et toi, range ton manteau ! Je t'ai dit de ne pas laisser traîner ton sac d'école ! » Un timide rentre à la maison. Sa femme lui dit : « Tu parles d'une heure pour arriver, mon mari ! Tu es encore allé à la brasserie ? » L'homme répond : « Toi, ma femme, ne viens pas m'écœurer ! C'est moi qui mène ici et j'y retourne, à la brasserie ! Là-bas, mes chums ne me jugent pas ! » Et il sort en claquant la porte. Incapable de dire ce qu'il ressent, il s'en veut tellement de boire autant, il est terriblement malheureux.

Un timide craint d'être reconnu. Il a peur de ce que les gens vont penser de lui. Savez-vous pourquoi il hésite à suivre des cours ou à voir un psychologue ? Il redoute de changer de comportement et de se faire dire : «Comme tu as changé !» Il préfère éviter cela, car il va se sentir très embarrassé, un timide n'aime pas se trouver dans une telle situation. Alors, si vous connaissez une telle personne et que vous constatez qu'elle change, attendez avant de lui en faire la remarque. Peut-être que c'est elle qui vous demandera : «As-tu remarqué que je suis plus calme qu'avant et davantage capable de contrôler mon agressivité ?»

Un timide qui prend la parole dans un rassemblement d'amis se dit, lorsque la soirée est terminée : «Pourquoi est-ce que j'ai dit ça ? Ce n'est pas ça que je voulais dire…» Il s'en veut. Ensuite, il analyse et parle tout seul : «Si tu penses que je vais y retourner ! Pourquoi est-ce que je raconterais mes affaires ? Cela ne regarde personne !» Puis il recommence à se torturer et à se faire du mal inconsciemment. La timidité est très puissante, elle nous pousse dans des retranchements qui nous font beaucoup souffrir.

Une situation normale pour certains peut devenir très embarrassante pour d'autres. Par exemple, aller aux toilettes quand elles sont situées juste à côté de la cuisine. Certaines femmes disent : «Quand les hommes vont à la salle de bains, il y a des éclaboussures partout !» Mesdames, vous devez comprendre quelque chose. Le timide sait qu'il y a de la visite dans la pièce à côté et que tout le monde va entendre le bruit qu'il fait. Alors, il essaie d'envoyer son jet sur le côté de la cuvette ; c'est pour cette raison que ça éclabousse partout. Apparemment, les filles déposent du papier de toilette sur l'eau. De cette façon, personne n'entend. C'est un bon truc. Un individu timide se cache même pour faire les choses les plus naturelles. S'il doit passer au travers d'une foule, il s'imagine que tout le monde l'a vu et le regarde. Son seul désir est de se cacher, de passer inaperçu. Ce qui bien sûr lui ferme toutes les portes de la réussite.

Combien de jeunes ont commencé à se droguer en raison de la timidité ? À 14 ans, l'un d'eux est avec un groupe d'amis. Il est le seul qui ne prend pas de drogue :

«Hé *man*, tu n'as jamais fumé? Allez, fume un bon joint. Vas-y, essaie.

— Non, non, les gars. Je ne touche pas à ça.

— C'est du bon *stock*. As-tu peur de ton père? (Un timide à qui l'on pose cette question est manipulé au maximum.)

— Moi, si j'ai peur de mon père?! Je vais te prouver le contraire. Donne-moi ton *stock*.

— Prends-en encore une petite *puff*. »

Ce jeune, plus tard, consommera des drogues plus puissantes et y développera une forte dépendance. Tout ça parce qu'il n'a pas été capable de dire à ses copains: «Excuse-moi, *man*, j'ai juste 14 ans et je ne fume pas. Je n'ai pas peur de mon père et je n'ai pas besoin de cela pour être heureux. » Un timide se sent pris en dedans et il veut prouver quelque chose aux autres. Alors, il fait des choses insensées. Il dit toujours oui. Incapable de s'affirmer devant les autres, il se laisse manipuler. On peut faire ce que l'on veut avec un timide. La preuve? Disons que ses amis au bureau lui demandent ceci:

«Viens-tu prendre une petite bière à la brasserie ce soir?

— Non, non. Pas ce soir, les gars, ma femme m'attend pour souper. Ce sera pour une autre fois. Merci!

— Viens donc, rien qu'une…

— Non, les gars, pas ce soir.

— As-tu peur de ta femme? Est-ce que c'est elle qui mène?

— OK, les gars. J'en prends rien qu'une et après je m'en vais. »

Un timide est une personne qui en prend toujours rien qu'une… Malheureusement, comme il est généreux avec ses copains, à la brasserie il paie toujours la tournée. Mais ce soir-là, ce sont eux qui paient la traite, et il a de la difficulté à accepter parce qu'il est timide. Alors, il dit:

«Les gars, c'est à mon tour. *Waiter*! Quatre autres petites bières!

— On boit cela et ensuite on s'en va…

— Non, non. C'est à mon tour. *Waiter*! Quatre autres bières froides! »

C'est pour cette raison que tellement de personnes conduisent en état d'ébriété. Presque tous les accidents de la route reliés à la consommation d'alcool sont causés par des personnes qui n'ont pas été capables de dire non, je conduis et je suis responsable de mes actes. Hélas, dans notre société, peu d'hommes et de femmes arrivent à expliquer : «Je suis rendu à ma deuxième bière et j'arrête. Parce qu'à la troisième je deviens un petit peu baveux, à la quatrième je deviens agressif, et à la cinquième je commence à avoir mon voyage et je déparle. »

Combien de jeunes et d'adultes se font prendre dans cet engrenage qui, trop souvent, les mène à la catastrophe? Lorsque mis au défi par des remarques telles que : «Hé, les gars, ti-cul est paf après deux bières! », ils continuent à boire de plus belle au lieu de répondre : « Non, je m'excuse, c'est ma deuxième bière et j'en ai assez. » De peur d'être jugés comme faibles par leurs copains, peu de gens sont capables de dire : « Non, mes amis, je ne suis pas paf. Mais je suis assez mature et responsable pour savoir qu'on ne conduit pas si on a bu de l'alcool. » Ce n'est qu'un individu fort qui est capable de résister aux jugements des autres. Une personne timide exagère sa valeur par rapport aux autres et devient susceptible si elle se sent blessée dans son orgueil. N'étant pas fière d'elle-même en plusieurs occasions, celle-ci accumule des sentiments et des impressions qui éclatent généralement avec ses proches, car elle est plus à l'aise avec eux.

Maladroit en amour

Malgré un grand besoin d'affection, le timide cache ses sentiments les plus intimes. Il lui est alors difficile de manifester son amour aux membres de sa famille. Il n'est pas capable de dire «je t'aime». Ça bloque dans sa gorge, aucun son ne sort de sa bouche. En amour, un timide, c'est plate! Sa femme sait toujours lorsqu'il en a envie. Il a pris une habitude, c'est toujours pareil. Après la messe, le dimanche, elle sait que ce sera ce soir, parce qu'il a pris son bain. Un timide, lorsqu'il sort avec sa petite amie, se lave tous les soirs. Après le mariage, il est fatigué. Je m'excuse, mais c'est comme ça. Elle sait comment ça va se passer. Il s'est parfumé. Il s'assoit sur le bord du lit, lui prend le sein gauche et voilà, c'est terminé ! Elle voudrait lui dire : « Mon mari, tu es trop rapide. Lorsque tu me sautes dessus de cette façon, ça me bloque intérieurement. » Elle voudrait révéler ses sentiments, mais elle aussi est timide. « Arthur, je suis toute à toi. Prends ton temps. Regarde-moi, j'en ai deux. » Ce n'est pas facile de transmettre ce que je veux vous dire. Je le fais avec tout mon amour.

Savez-vous, messieurs, où votre femme aime être embrassée ? Et vous, mesdames, savez-vous ce que votre mari aime ? Il y a des hommes et des femmes qui sont frustrés dans leur sexualité. Pourquoi ? Parce que les gens ne sont pas capables de se dire leurs besoins. Une personne timide a beaucoup de difficulté à exprimer ses sentiments. Les mots d'amitié, de remerciements et de compassion s'étranglent dans sa gorge. Elle se laisse paralyser par une sorte de pudeur absurde et sa froideur apparente fait souffrir les autres comme elle la fait souffrir elle-même. Le dialogue est difficile dans la vie d'un timide. Il devient facilement envieux et jaloux de ceux qui l'entourent. Au fond, c'est un incompris, un méconnu. Il ne lui vient pas à l'esprit que sa timidité y est pour quelque chose. Il renverse les rôles. Il se dit que personne ne l'aime ni ne s'occupe de lui. C'est qu'il a essayé d'aimer les autres, de les comprendre et de travailler avec eux, mais cela n'a jamais réussi. C'est pourquoi il devient pessimiste et se sent persécuté. Il ne voit que trop souvent les côtés sombres de son existence. Parfois, c'est d'un sentiment de supériorité que naît la timidité. Se sentant supérieurs dans quelques domaines à ceux qui les entourent, certains se retirent dans leur tour d'ivoire, s'enveloppant d'un orgueil qui les empêche de voir les autres et de les apprécier à leur juste valeur.

Se faire confiance

Une personne peut être intimidée par une autre parce qu'au fond elle a honte d'elle-même. Elle ne s'accepte pas, alors elle pense que les autres ne peuvent pas l'accepter non plus. Il est absolument nécessaire de faire le point à un moment donné afin de s'arrêter sur ce qui provoque ce manque de confiance. Alors, on se rendra compte que ce ne sont que des idées exagérées ou mal dirigées et qu'il est possible de se reprendre en main. On doit développer suffisamment de confiance en soi pour cesser de se sentir inférieur aux autres et de se laisser dominer. On pourra vraiment rayonner dans son milieu lorsqu'on comprendra que tous les humains sont égaux même s'ils sont tous différents.

Oui, mes amis, nous sommes tous égaux sur cette terre, qu'on soit riche ou pauvre, ouvrier ou avocat, intelligent ou pas, premier ministre ou femme de ménage. La preuve : la première chose que l'on fait au réveil, c'est d'aller au petit coin ! Malheureusement, il y a tellement de mères de famille qui ne se sentent pas importantes. Si vous saviez, mesdames, à quel point on a besoin de vous ! Vous êtes essentielles, bien plus qu'un président. En effet, lorsqu'un président meurt, on le remplace en quinze minutes. Et toi, maman, combien de temps cela prendrait-il pour te remplacer ? Quinze heures ? Quinze jours ? Quinze ans ? En fait, une mère de famille est irremplaçable !

Malgré toutes les inventions du vingtième siècle, on n'a rien créé de plus fantastique qu'un être humain. Nous sommes ce qu'il y a de plus beau dans l'univers parce que nous sommes uniques, nous avons chacun notre propre identité. Il n'y a pas deux personnes pareilles en ce monde, à partir de notre ADN jusqu'aux empreintes digitales ; même deux jumeaux identiques n'ont pas les mêmes ! Cela veut dire que sur la terre et dans l'univers, il n'y a personne comme vous ! Il y a juste vous qui pensez comme vous pensez, qui pouvez aimer comme vous aimez, qui avez le même courage que vous. Vous seul pouvez faire les choses comme vous les faites, rire comme vous riez, pleurer comme vous pleurez ; vous seul avez de l'empathie, de la volonté, du courage et de l'amour comme vous. Il y a juste vous qui avez souffert comme vous avez souffert ; votre souffrance ne sera jamais comme la mienne. Les douleurs et les peines que vous avez vécues ne seront jamais celles des autres, parce que personne ne vit ce que vous vivez à l'intérieur de vous.

Vous êtes une pièce unique dans l'univers, un chef-d'œuvre de la nature ! Je sais, vous allez me dire : « Moi, un chef-d'œuvre ? ! Veux-tu rire de moi, Robert ? As-tu vu mon nez, mes oreilles, ma grosseur ? M'as-tu vraiment regardé ? J'ai des marques sur le visage, des taches de naissance, mes jambes sont croches, je suis trop grand. » Qu'importe l'enveloppe que vous possédez, il y a du sang qui coule dans vos veines.

Eh oui, nous sommes tous différents et uniques, et c'est ça qui fait de nous un chef-d'œuvre. Je sais que certaines personnes ne s'acceptent pas. C'est pour cette raison qu'elles manquent de confiance en elles et se replient sur elles-mêmes. Des êtres humains vont mourir sans que personne les ait vraiment connus. Ils seront passés sur cette terre et l'on ne saura jamais quels êtres merveilleux ils étaient. C'est triste, mes amis, chaque jour des milliers d'êtres meurent sans avoir eu le privilège d'avoir été eux-mêmes.

C'est pour cette raison qu'il faut combattre ce fléau social qu'est la timidité. Trop de personnes s'enferment dans leur tour d'ivoire de peur d'être reconnues pour ce qu'elles sont. Le manque de confiance en soi favorise le développement de tellement de haine envers soi-même. L'incapacité de faire face à la vie comme elle se présente, avec ses épreuves et ses déboires, fait croire à une personne timide qu'elle ne sera jamais capable de s'en sortir. Mais on sait très bien que c'est faux, c'est seulement une très mauvaise perception de la vie, un grand manque de confiance en soi. C'est pour cette raison qu'il y a tant de suicides, les gens veulent arrêter de souffrir. Ils se voient le nez collé sur un mur et n'ont pas les outils nécessaires pour y faire face. La seule solution qu'ils ont trouvée, c'est de disparaître !

Alors, mes amis, soyez à l'écoute de votre entourage. Ne laissez jamais personne s'isoler, aidez vos proches. Et si les personnes qui vous entourent sont capables de se sentir des êtres exceptionnels et uniques, dites-vous que c'est une belle réussite.

Avoir confiance en soi, c'est être conscient de ses possibilités. C'est savoir que chaque personne est nécessaire en raison du rôle qu'elle peut jouer au sein de la société. Souvenez-vous que nous sommes tous responsables de notre monde. Alors, respectez-vous comme des perles rares et uniques. Au fur et à mesure que vous aurez davantage confiance en vous et que vos aptitudes sociales se développeront, vous pourrez commencer à moins vous préoccuper de votre timidité pour vous tourner vers les autres.

Pour vous libérer de votre timidité, il faut choisir de ne plus en souffrir. Il faut apprendre à contrôler ce que vous ressentez et ce que vous faites. Vous êtes le maître de votre vie. Perdez vos vieilles habitudes, remplacez-les par d'autres qui serviront mieux vos intérêts. Le point le plus important : vous devez reconnaître la nécessité de rompre l'isolement d'une existence solitaire en gardant contact avec les gens qui vous entourent. Consolidez votre confiance en vous, cessez de vous dévaloriser, et souvenez-vous, mes amis, que parfois l'échec et le désappointement peuvent être bénéfiques.

Cessez de surprotéger votre moi : il est beaucoup plus solide que vous pouvez l'imaginer. Lorsque vous aurez confiance en vous, les obstacles deviendront des défis, et les défis des réussites. Quand la timidité est grande, l'estime de soi est faible ; mais quand l'estime de soi grandit, la timidité disparaît.

EXERCICE

• Quels sont vos objectifs à atteindre cette semaine?

_____

_____

_____

• Vous devez renforcer votre confiance en vous. Pour y arriver, les gestes que vous devez poser sont:

_____

_____

_____

_____

_____

_____

• Mettez vos pensées en ordre.

• Apprenez à mieux contrôler vos émotions.

• Découvrez quels fardeaux vous empêchent d'avancer.

CINQUIÈME CONFÉRENCE : L'AUTOSUGGESTION, OU LE MÉTIER À TISSER

*Nous ne sommes pas toujours responsables
de notre passé, mais nous sommes
les artisans de notre avenir.*

Robert Tessier

La conférence que je vous présente maintenant est absolument extra-ordinaire. Je pourrais dire sans me tromper qu'elle est essentielle pour tous ceux et celles qui désirent changer et avoir une meilleure qualité de vie. Vous voici à la frontière d'une nouvelle vie. Vous devez décider si celle-ci sera comme l'ancienne ou si elle sera le début d'une nouvelle aventure. Il faut regarder vers l'avenir, apprendre à relever de nouveaux défis. C'est seulement lorsque nous résistons au change-ment et à la transformation que nous stagnons. Cette conférence est une des préférées de mon épouse Nicole. Elle ne se lasse pas de ces petits trucs qui lui sont très utiles et qui le seront jusqu'à la fin de ses jours.

Qu'est-ce que l'autosuggestion ? C'est à la fois facile et compliqué à comprendre. Tout individu reçoit deux sortes d'éducation : l'une lui est donnée par autrui et l'autre, beaucoup plus importante, est celle qu'il se donne lui-même. L'être humain serait bien misérable s'il ne possédait pas, même dans les pires circonstances de sa vie, une certaine possibilité de bonheur. La capacité de s'aider lui-même est l'atout le plus précieux qu'il puisse développer. Les seules choses qui soient vraiment efficaces sont la pensée et l'acte. Pour changer les circonstances et les conditions de notre vie, nous devons d'abord nous renouveler nous-mêmes, transformer notre pensée et notre volonté.

Si l'on définissait l'autosuggestion, on pourrait dire que c'est «l'action de se suggestionner soi-même, volontairement ou non». L'écrivain Pierre Clément appelle l'autosuggestion «la machine à vivre». Moi, je l'ai nommée «le métier à tisser».

En fait, la définition la plus simple de l'autosuggestion pourrait être «l'art de se servir le plus avantageusement de sa tête», parce que le cerveau est véritablement la source de toute notre vie. C'est là que nous enregistrons les données de notre existence. Avec raison, on compare le cerveau humain à un iceberg: les 10 % qui émergent représentent la partie consciente, et les 90 % qui sont immergés symbolisent la partie inconsciente, ou subconsciente.

Il faut comprendre qu'il y a deux vies à l'intérieur de chacun de nous: une consciente, qui est la vie de choix, et une subconsciente, qui constitue la vie d'habitude. Présentement, j'écris. Je choisis chaque mot pour que vous puissiez bien comprendre ce que je veux exprimer. Lorsque je suis en conférence, devant un public, je choisis aussi mes paroles, mais je ne décide pas de lever un doigt ou bien la main droite au moment où je dis tel ou tel mot. Tout cela se fait naturellement, sans que j'y pense, par habitude. Lorsque je sélectionne mes mots, c'est ma vie de choix; les gestes, eux, font partie de ma vie d'habitude.

Lorsqu'on donne un renseignement à une personne au téléphone, avez-vous remarqué que l'on fait souvent des gestes? On tient le récepteur d'une main et, de l'autre, on explique, en faisant les gestes correspondants, qu'il faut monter une côte, tourner à droite, puis tourner à gauche à la deuxième rue. L'autre ne nous voit pas, mais nous faisons ces gestes par habitude. Prenons aussi le cas de quelqu'un qui veut apprendre à jouer du piano. Il commence avec un doigt et une main, puis, à force de répéter, il finit par jouer avec les deux mains. Au début, il a fait un choix, celui de devenir pianiste, puis, à force de répéter, ses gestes sont devenus des habitudes.

Pour vous donner un exemple bien concret, je vais vous parler de la première fois où nous avons conduit une automobile. Faisons ensemble un léger retour en arrière en nous servant de notre imagination. Pour ceux et celles qui ne savent pas conduire, ce n'est pas grave, je vais vous expliquer comment cela va se passer lors de votre première expérience. Imaginons que vous voulez apprendre à conduire une voiture. Alors, consciemment, vous faites un choix. C'est fait, c'est décidé : «J'apprends à conduire.» Maintenant, disons que c'est une manuelle. La première fois où vous voulez monter dans l'auto, vous prenez la clé, trouvez la serrure de la portière, essayez la clé... mais ça ne fonctionne pas. Alors, vous la changez de côté, les dents en bas, et voilà, maintenant ça marche, vous pouvez ouvrir la portière. Ensuite, assis dans la voiture, vous cherchez l'endroit où introduire la clé pour démarrer... «Voilà, j'ai trouvé! Ensuite, qu'est-ce que je dois faire... Ah oui! je me souviens, il faut que j'appuie sur la pédale d'embrayage et que le bras de vitesse soit au neutre. Ensuite, il faut que je démarre le moteur et que j'appuie sur l'accélérateur en même temps. Oh! Je me rends compte que j'appuie trop fort et que je vais défoncer le moteur. Que dois-je faire ensuite? Ah oui! je me rappelle maintenant. J'ai le pied sur la pédale d'embrayage et il faut que je passe en première vitesse. Ouf! Ça fait beaucoup de choses à penser en même temps, je n'y arriverai jamais! Bon, maintenant il faut que je vérifie mes angles morts, que j'enlève mon pied de sur la pédale d'embrayage et voilà, l'automobile est en marche.» Mais tout à coup, le moteur étouffe. Il faut donc recommencer au début. Après cinq, dix, cent, mille fois, on ne se pose même plus de questions, tout se fait automatiquement.

À force de répéter les mêmes gestes, nous sommes passés de notre vie de choix à notre vie d'habitude. Cela veut dire que nous pouvons apprendre à conduire un gros camion, une pelle mécanique, un avion, etc. Donc, cela signifie que nous pouvons aussi apprendre à conduire notre vie! Pourquoi pas? N'est-ce pas merveilleux! Nous possédons cette faculté, cette richesse extraordinaire! Je commence par un choix et, à force de répéter, cela devient une habitude. Fantastique!

Pour vous montrer à quel point le cerveau humain peut influencer notre vie, nos gestes, nos pensées et nos habitudes, j'aimerais vous démontrer comment fonctionne celui-ci en me servant d'un exemple extraordinaire : je vous présente mon métier à tisser ! Je pense que tout le monde en a déjà vu un. On sait que pour tisser un tapis, il faut un métier, des bobines de fil et un tisserand. Commençons. L'ouvrier se place devant son métier, choisit ses bobines, puis démarre sa machine. Ataflic, ataflac, ataflic, ataflac, ataflic, ataflac... Au bout de quelques heures apparaît un tapis. Mais il y a un problème. Il n'est pas beau du tout ; les couleurs étranges ne s'harmonisent pas ensemble : un vert jalousie, un noir pessimiste et un rouge violent.

Est-ce que le tisserand va se mettre à pleurer en donnant des coups de pied au métier à tisser, en lui disant : « Ah non ! Il n'y a qu'à moi que ça arrive. Je te déteste, métier à tisser ! Regarde quelle sorte de tapis tu tisses, c'est dégueulasse ! Je ne suis pas chanceux, mes tapis ne se vendront jamais ! Ils sont trop laids ! » Non, je ne crois pas que le travailleur fera une telle chose, car il s'est aperçu qu'il avait fait de mauvais choix. Il va plutôt arrêter sa machine, changer ses vieilles bobines de fil aux couleurs déprimantes pour de nouvelles aux teintes vivantes et ensoleillées, qui s'harmonisent ensemble, puis il remettra en marche son métier. Ataflic, ataflac, ataflic, ataflac, ataflic, ataflac... Au bout de quelques heures apparaîtra un tapis extraordinairement beau, plein de belles couleurs vivantes. Est-ce que le tisserand va caresser son métier en lui disant : « Toi, métier à tisser, tu me comprends, tu es extraordinaire. Si tu savais comme je t'aime ! »

Non. Pourquoi ? Parce que c'est lui-même qui est responsable du résultat. Êtes-vous d'accord avec moi ? Pourquoi n'est-ce pas le métier à tisser ? Parce que cette machine est une force impersonnelle. Ce qu'elle sait faire, c'est ataflic, ataflac... Donnez-lui des bobines rouges, vertes, bleues ou jaunes, elle s'en fout, sa fonction est de tisser. Maintenant, accrochez-vous, ça va donner un coup : le subconscient de l'être humain est son métier à tisser, et les bobines de fil, ce sont ses pensées et ses paroles. Tout ce que je pense et tout ce que je dis tout au long de ma vie passe par mon subconscient, mon métier à tisser.

Le subconscient est une force impersonnelle. Demandez-lui n'importe quoi et il tissera ce que vous souhaitez. Avez-vous remarqué que lorsqu'on demande à des gens comment ils vont, ces derniers répondront souvent : « Pas pire… » C'est leur réponse depuis des années. Alors, chaque fois, le métier à tisser se met en marche : « Pas pire… (ataflic, ataflac…). Pas pire… (ataflic, ataflac…). » Avez-vous remarqué quelle sorte de vie ils mènent ? Une vie pas pire… N'oubliez pas : tout ce que vous pensez, tout ce que vous dites passe d'abord dans votre métier à tisser. Je tisse le tapis de ma vie !

Moi, si vous me demandez comment je vais, je réponds toujours : « Merveilleusement bien (ataflic, ataflac…) ! Merveilleusement bien (ataflic, ataflac…) ! » Si je répète cela à chaque personne qui me pose la question, alors je mets toutes les chances de mon côté pour mener une vie belle, merveilleuse et pleine d'abondance. Donc, à partir de maintenant, vous pouvez changer votre façon de penser et de parler.

Vous dites à quelqu'un : « Mange un char de m… » Attention, car chaque fois il y a une grosse cuillère pour vous d'abord. Nos pensées et nos paroles sont nos bobines de fil. Combien y a-t-il de personnes qui disent continuellement : « Maudite vie, maudits enfants tannants, maudite *job* ! » ; « Les maudits hommes, ils sont tous pareils ! ». Avez-vous remarqué quel genre d'hommes ces gens rencontrent ? Des « maudits hommes » !

Un jour, j'ai découvert quelque chose d'extraordinaire. Il est écrit dans le grand livre de la vie : « Tu seras jugé dans la mesure où tu auras jugé l'autre. » Je me suis dit que cela devait signifier quelque chose… Comment le Grand Patron de la vie va-t-il faire pour savoir que j'ai jugé quelqu'un ? Comment peut-il se rappeler de moi sur des milliards d'êtres humains qui sont passés sur la terre ? C'est impossible ! Puis j'ai compris : chaque fois que je juge quelqu'un et que j'ai des pensées mesquines envers lui, ça passe dans mon métier à tisser.

Disons que vous vous tissez une vie toute croche et que vous vous répétez continuellement :

* *Je hais mon travail !*

* *Je suis tanné !*

* *Je suis écœuré !*

- *Maudite vie plate !*
- *Il m'énerve !*
- *Il me tombe sur les nerfs !*
- *Je n'en peux plus !*
- *Si ça continue, je vais faire une dépression, je vais m'en aller, je vais foutre le camp !*
- *Personne ne me comprend…*

Comment pensez-vous avoir une belle vie ? Regardez le tapis de votre vie que vous êtes en train de tisser, mes amis, avec vos bobines de fil laides et déprimantes !

Ce qui est merveilleux, c'est que vous avez le choix. Oui, mes amis, vous avez le choix de changer vos bobines de fil et de tisser un nouveau tapis, en disant :

- *Ça va merveilleusement bien !*
- *Je suis de plus en plus calme.*
- *Je suis en santé.*
- *Je suis plein d'énergie !*
- *La vie est belle !*
- *Je travaille et ça me donne la possibilité de payer ma maison, mon auto, d'acheter de la nourriture, de me payer des gâteries.*
- *J'aime la vie !*

Ça, c'est *mon* choix : je peux changer mes bobines de fil !

Rappelez-vous, à l'école, lorsqu'on était enfant. On se traitait de niaiseux et l'autre rétorquait : « Niaiseux toi-même ! » On disait « sans dessein » et l'autre répondait : « Celui qui le dit, c'est lui qui l'est ! » On savait naturellement que tout ce qu'on dit et tout ce qu'on pense passe d'abord par soi.

Avez-vous remarqué de quoi parlent les personnes nerveuses? Des nerfs.

- *Ils m'énervent!*
- *Le trafic m'énerve!*
- *Ma job m'énerve!*
- *Mon compagnon de travail me tape sur les nerfs!*
- *J'ai les nerfs à fleur de peau!*
- *Je sens que les nerfs vont me lâcher!*

Avez-vous constaté que ces gens-là sont de vrais paquets de nerfs? Maintenant, pour ceux et celles qui désirent avoir une meilleure qualité de vie, vous avez le choix de changer vos paroles négatives en paroles positives. Par exemple:

- *Mes enfants me rendent plus calme.*
- *Je suis plus calme dans le trafic.*
- *Je me sens de mieux en mieux.*

Vous commencerez alors à tisser du calme (ataflic, ataflac…), du calme (ataflic, ataflac…). Et à force de le répéter, vous finirez par avoir une vie plus calme et vous vous sentirez de mieux en mieux. Parce que si vous avez des pensées en ordre, vous courez la chance d'avoir une vie en ordre.

Je n'ai pas la prétention de vous dire que vous ne vivrez jamais plus de situations difficiles, que vous ne serez jamais plus malade ou que vous allez devenir millionnaire. Mais pourquoi ne pas mettre toutes les chances de votre côté? De toutes les façons, en pensant à des paroles plus positives que négatives, vous aurez sûrement une meilleure qualité de vie.

Combien de personnes disent ces paroles que vous avez sûrement déjà entendues: «Pourtant, je ne demande pas grand-chose à la vie, je ne suis pas exigeant. Pourquoi est-ce que je n'ai rien? Je crois que je suis né pour un petit pain.» Moi, je leur réponds: «De quoi te plains-tu, mon ami? La vie te donne exactement ce que tu lui demandes depuis des années, c'est-à-dire pas grand-chose… et un petit pain. Malheureusement, ce sont tes bobines qui ont tissé ce tapis de ta vie. C'est triste, mais c'est comme ça. Mais tu as le droit de vouloir vivre autre chose, et surtout tu as le choix de tisser autre chose. Dans le grand livre de la vie, il est écrit : "Demandez et vous recevrez." Tu ne demandes rien, tu n'as rien. "Frappez et on vous ouvrira." Tu ne frappes pas, tu restes dehors. »

Beaucoup de personnes n'aiment pas leur travail. Elles aimeraient faire autre chose, mais elles ne vont jamais frapper à d'autres portes. Ce qui est extraordinaire, c'est que vous avez le choix de le faire ! Et à force de frapper, frapper et frapper, un jour vous verrez une autre porte s'ouvrir enfin pour vous. Mais pour changer sa vie, il faut changer ses bobines, faire d'autres choix et remettre son métier à tisser en marche.

Je pourrais comparer le subconscient à l'électricité. Dans une prise électrique, vous pouvez brancher une cuisinière, un réfrigérateur ou une lampe. Selon votre choix, ça va chauffer, refroidir ou éclairer. L'électricité se fout de ce que vous branchez dans la prise, car c'est une force impersonnelle, comme le métier à tisser. Le choix, c'est vous qui le faites ! Maintenant, que branchez-vous dans votre baie James ? L'amour, une belle vie, la joie, l'abondance, le bien-être ? Ou bien l'agressivité, la violence, l'intolérance, la drogue, l'alcool, la jalousie ? Que branchez-vous dans la prise de votre vie ? Vous avez le droit d'éclairer votre existence de façon différente. Servez-vous de cette grande énergie que vous possédez, de cette grande force qui vous habite, qui vous appartient. C'est *votre* électricité, vous avez le droit d'en faire ce que *vous* voulez ! Vous pouvez vous détruire ou vous construire. Dans ce dernier cas, vous pouvez faire des choix. En voici quelques-uns : patience, joie de vivre, réussite, couple, famille, amour, espoir, etc.

Mes amis, ce qui est absolument extraordinaire, c'est que vous pouvez transformer votre vie en changeant vos bobines de fil. Car c'est un choix, c'est *votre* choix. N'est-ce pas merveilleux ?

Je pourrais aussi comparer le subconscient à la terre. Qu'est-ce que je sème dans mon jardin intérieur ? Tout ce qui pousse à l'extérieur du sol, toutes les récoltes, viennent des semences que j'y ai plantées. Je suis sûr que vous êtes d'accord avec moi. Avez-vous remarqué que dans un jardin, même si vous n'avez rien semé, il va quand même pousser quelque chose? Eh oui, des mauvaises herbes!

Mon subconscient, c'est ma terre. Si je sème deux carottes, que va-t-il pousser? Deux carottes. Si j'en sème quinze… Je ne serai jamais surpris de ma récolte, car elle correspondra à ce que j'ai semé. Je n'irai pas voir mes voisins pour leur dire: «Venez voir ma récolte! J'ai semé des carottes et il pousse des navets…» C'est une certitude. Je n'ai nullement besoin de vous persuader d'une telle chose, parce que c'est l'évidence même.

Alors, comment une semence négative peut-elle donner une récolte positive? Si je sème dans ma terre: «Je suis tanné! Maudite vie, je n'en peux plus!», comment cette semence malheureuse peut-elle donner une récolte heureuse?

Si nous avons vraiment compris que nous sommes le jardinier de notre vie et que nos récoltes de demain dépendent de nos semences d'aujourd'hui, que nous sommes le tisserand de notre propre tapis et que nous pouvons choisir nos bobines de fil, que nous pouvons décider de brancher autre chose dans notre prise si nous le souhaitons, alors, mes amis, nous pouvons changer notre vie, en changeant nos habitudes. On dit que ça prend vingt et un jours pour changer une habitude. Mais à force de répétition, vous y arriverez. Soyez patient et tolérant avec vous, car vous en valez la peine et je sais que vous faites partie des gagnants! L'arbre ne tombe pas au premier coup de hache; plus il est puissant, plus le bûcheron doit répéter ses coups.

Pour avoir un beau jardin, il faut continuellement arracher les mauvaises herbes, choisir ses semences soigneusement, arroser la terre, en prendre bien soin. Et un beau matin, une petite carotte commencera à sortir de la terre: c'est comme ça! De la même manière, pour avoir une belle vie, nous, les êtres humains, devons choisir ce que nous semons dans notre subconscient. Essayer d'arracher nos mauvaises habitudes en les remplaçant par de meilleures. Arrêter de nous culpabiliser et de croire que nous sommes nés pour être malheureux. Commencer par nous lever avec un sourire le matin au lieu de bougonner jusqu'à notre quatrième café. Dire bonjour à ceux qui nous entourent: «Bonjour, ma femme, mon mari, ma fille, les enfants. Bonne journée.» En arrivant au travail, dire bonjour à nos collègues, au lieu de les ignorer: «Bonjour, mademoiselle la secrétaire, mon compagnon de travail (en lui donnant une poignée de main), patron. Bonne journée, mes amis.»

Il ne faut pas avoir peur de changer nos habitudes.

Au lieu de boire une caisse de vingt-quatre bières toutes les fins de semaine, diminuez à douze. Au lieu de prendre de la drogue tous les jours, faites-le aux deux ou trois jours. Réduisez tranquillement. Au lieu de vous fâcher tous les jours et de crier après les enfants, commencez à prendre des respirations et à vous calmer pendant cinq minutes. Au lieu de passer deux à trois heures par jour sur l'ordinateur, diminuez à une heure quotidiennement. À force de changer vos mauvaises habitudes, vous allez finir par avoir une meilleure qualité de vie. Essayez! Vous allez voir, votre vie va changer.

Vous ne pourrez jamais être heureux en semant du malheur, de la colère, des frustrations, de la rancune. Changez vos pensées, mes amis, ensemencez de la joie, de la bonne humeur, du bonheur, de l'amour. Et un jour, avec de la patience, vous verrez apparaître une petite fleur d'amour.

La vie est magique et magnifique. Les habitudes forment le tissu même de nos vies. Nous en profitons ou nous en subissons les effets. Prenez le temps de choisir.

Voici un beau métier à tisser. Prenez le temps de bien le regarder, il fonctionne à merveille dans les deux sens: négatif ou positif. C'est à vous de choisir quelles bobines de fil vous voulez utiliser.

En créant tes habitudes,
tu tisses toi-même l'étoffe
de ta destinée.

MÉTIER À «TESSIER»

Métier à tisser négatif

Bobines laides et sombres

Fil rouge	Fil noir	Fil vert foncé	Fil mauve foncé	Fil brun foncé
Agressivité	Alcool	Jalousie	Insatisfaction	Impatience
	Drogues			Intolérance
	Médicaments			

Tu peux changer tes bobines.

Métier à tisser positif

Bobines ensoleillées (couleurs de la vie)

Jaune soleil	Rose	Coucher de soleil	Bleu ciel	Vert nature
Calme	Sobriété	Confiance	Réussite	Tolérance
		Estime de soi		Compréhension

• Quels sont vos objectifs à atteindre cette semaine?

_____

_____

_____

_____

• Quelles sont les bobines de fil que vous devez changer sur votre métier à tisser?

_____

_____

_____

_____

• Quelles nouvelles couleurs devez-vous mettre dans le tapis de votre vie?

_____

_____

• Quelles habitudes devez-vous changer? Faites l'exercice suivant.

Moi, (dites votre prénom), je fais le choix de me libérer de ces habitudes :

- ma bouderie ;
- ma consommation de drogues, d'alcool, de médicaments ;
- mes critiques ;
- ma jalousie ;
- ma mauvaise humeur ;
- mon contrôle sur les autres ;
- mes pensées suicidaires ;
- ma paresse ;
- mon manque de courage ;
- ma dépendance affective ;
- ma façon de ressasser mon passé ;
- ma façon d'être une victime ;
- mon indifférence.

Terminez toujours vos phrases en disant: «Et ça, c'est *mon* choix !»

Je vous présente
ma
CONFÉRENCE

POUVOIR PARENTAL

SIXIÈME CONFÉRENCE : LE POUVOIR PARENTAL

Un démolisseur en une journée fait plus d'ouvrage
que cent maçons en un mois.

Anonyme

On se demande souvent qui possède le pouvoir. Les enfants ou les parents ? Voilà un sujet chaud et troublant. Nous allons ensemble essayer de démêler ce qui nous semble si complexe : à qui revient ce fameux pouvoir ? En réalité, on ne devrait pas parler de pouvoir mais de responsabilité. Qui est responsable de qui ? Le jour où nous mettons des enfants au monde, nous devenons, nous les parents, responsables de leur bien-être. C'est à nous qu'incombe cette tâche. C'est automatique, ce n'est pas une décision que nous devons prendre et à laquelle nous pouvons réfléchir. Non, c'est une évidence, nous nous devons d'être présents pour eux, de les aimer, de les consoler lorsqu'ils pleurent, de les rassurer, de leur offrir la sécurité nécessaire pour faire d'eux des êtres sains et équilibrés. Nous nous devons d'être forts pour eux, de leur donner une certaine discipline, de les respecter et de nous faire respecter en tant que parents, de les guider dans la vie, de leur montrer le chemin à suivre et de leur donner le meilleur de nous-mêmes. Malheureusement, ce ne sont pas tous les pères et toutes les mères qui sont capables d'accomplir cette tâche colossale, celle d'être un parent responsable et dévoué à sa famille.

Je ne sais pas ce qui s'est passé, mais l'être humain a beaucoup changé. C'est devenu tellement difficile, dans un monde où la consommation est prioritaire, de concilier travail et famille. On se doit d'être beau, d'avoir un corps d'athlète, de rester jeune, de prendre soin de sa santé, de bien manger, d'aller au gym… Et tout ça, avec deux ou trois enfants qui nous attendent à la maison. C'est facile de comprendre pourquoi il y a tant de dépressions et de *burnout*.

Être un *superman* ou une *superwoman* demande des efforts inconcevables. C'est pour cette raison que la société prône une méthode dite infaillible : l'individualisme. Ce qui compte le plus maintenant, c'est soi et son petit bonheur personnel. Alors, vis ta vie, amuse-toi et, surtout, profite de tous les moments qui passent : c'est tout ce qui compte ! Dans un certain sens, c'est vrai qu'il faut avoir des activités pour soi, s'aimer et se respecter si on veut l'être. Je suis complètement d'accord avec ce principe. Mais attention ! Il y a aussi les autres, ceux qui nous entourent, notre famille et surtout nos enfants. Nous ne sommes pas seuls, nous vivons entourés de gens, la société existe. Mais il y a une chose encore plus importante, et heureusement, pour certaines personnes, le mot « famille » a encore un sens.

Ce qui est prioritaire, à mon point de vue, c'est ce que nous faisons de cette vie qui nous est donnée. Nous sommes tous responsables les uns des autres, et surtout du bien-être de ceux qui nous entourent, essentiellement nos enfants. C'est là que le bât blesse.

La dynamique familiale a changé, et je vous assure que ce n'est pas toujours pour le mieux. Nous, les parents, sommes entièrement responsables de la façon dont les changements vont se produire, et c'est là qu'intervient ce fameux pouvoir dont on parle tant.

Avec le nombre de familles éclatées qui augmente d'année en année, nous avons oublié le sens des « responsabilités » et changé ce mot pour « pouvoir parental ». Souvent, le divorce ou la rupture du couple s'avère une guerre qui n'en finit plus de finir, et ce sont les enfants qui en souffrent le plus. Nous devrions être capables de penser à leur bonheur et d'agir en adultes responsables, mais souvent, inconsciemment, nous prenons nos enfants en otages.

Je sais qu'on agit souvent sans se rendre compte du mal que l'on fait. Par exemple, on laisse à l'enfant le choix de l'endroit où il veut demeurer. C'est très pénible pour lui de choisir entre son père et sa mère. Il a souvent très peur de déplaire et de faire de la peine, car il aime ses deux parents.

Malheureusement, il est souvent coincé dans une bagarre émotionnelle qui ne le concerne pas du tout. Alors, l'enfant devient confus, troublé et inquiet. Tout ce qui se dit, tout ce qui se fait, tous les cris, toutes les insultes et les menaces par rapport au droit de visite ne cessent jamais. C'est une destruction psychologique que l'enfant doit subir. C'est d'une atrocité épouvantable ! Souvent, inconsciemment ou par pure ignorance, le parent pousse son enfant à détester l'autre, l'accusant de tout et de rien, le traitant de tous les noms. Imaginez, mes amis, la confusion et la détresse que l'enfant vit. Il pleure souvent, il ne dort plus et est continuellement en colère. Il ne retient rien des consignes qu'on lui donne, il devient lunatique, nostalgique et triste. L'enfant est malheureux et devient terriblement anxieux lorsque l'autre parent vient le chercher la fin de semaine. Il sait ce qui va se passer. C'est la bagarre chaque fois que son père ou sa mère se pointe à la maison. C'est ça, le pouvoir parental. C'est de prendre ses enfants en otages et de les monter contre l'autre parent, de détruire en eux tout espoir d'être heureux. Votre enfant est malheureux, ne le voyez-vous pas ? Regardez-le, posez-lui des questions, soyez attentif à ses réactions. S'il se replie sur lui-même, c'est qu'il est peut-être troublé. C'est à vous de le rassurer. Les enfants ne sont jamais insensibles lorsqu'il y a séparation. Il faut comprendre que leur sécurité vient d'être bouleversée. Leur vie va changer et si, en plus, ils doivent être au centre de la guerre que se livrent leurs parents, c'est une véritable catastrophe sur les plans psychologique et émotionnel.

Les enfants ont une grande capacité d'adaptation lorsque tout se fait dans l'ordre. Mais rares sont les divorces harmonieux. Bravo à ceux qui sont capables d'agir pour le bien-être de leur famille, de réagir de façon positive au lieu de se déchirer, de se haïr et de toujours penser à se venger !

On constate de plus en plus de détresse chez nos enfants. Même à la maternelle, les petits sont violents et souvent méchants verbalement.

Les professeurs ne savent plus comment se comporter avec eux. Cela devient une tâche de plus en plus ardue. Un enseignant m'a déjà dit : « Ça fait vingt ans que j'enseigne et je peux te dire, Robert, que ça prend des nerfs d'acier aujourd'hui pour rester dans cette profession. »

Je sais, mes amis, qu'élever un enfant n'est pas facile. On ne vient pas au monde avec le mode d'emploi et il n'y a pas de parents parfaits, pas plus que d'enfants parfaits. Mais une chose est sûre, même si nos enfants sont tous différents, ils ont tous besoin de la même chose : être valorisés et se sentir importants aux yeux de leurs parents. Ça, c'est de la fondation parentale. Trop de pères et de mères négligent de déclarer leur amour à leurs enfants, de les cajoler, de les embrasser. Les petits ont terriblement besoin de sentir cet amour. Mais trop souvent, on les détruit en disant du mal de l'autre parent.

Imaginez, mes amis, un enfant qui entend des choses comme :

- *Ton père est un écœurant, un ch… sa… !*
- *Ta mère est une courailleuse qui couche avec tous les gars qu'elle rencontre.*
- *Tu vois bien que ton père ne t'aime pas, il n'est pas venu te chercher depuis deux semaines.*
- *Ta mère préfère sa carrière. Elle ne s'occupe pas de toi, elle préfère te faire garder plutôt que d'être là pour toi.*
- *Ton père boit comme un trou. Le savais-tu, mon enfant ? C'est pour cette raison que je suis partie. En plus, il nous a laissés sans argent.*
- *Ta mère se drogue, c'est pour ça que je suis parti. Vois-tu quelle sorte de mère tu as, mon enfant ? Une droguée !*

Je sais que nous ne nous rendons pas compte du mal que nous faisons, mais réveillons-nous, mes amis ! Quel avenir allons-nous donner à nos enfants ? Il faut être conscients de nos actes négatifs et de nos paroles destructrices. C'est ça, le pouvoir parental !

Malheureusement, ce n'est pas uniquement dans les séparations qu'on utilise ce pouvoir. Il n'est pas nécessaire de laisser son conjoint ou sa conjointe pour détruire ses enfants. Certaines paroles restent gravées dans leur mémoire et sont souvent responsables de ce qu'ils vont devenir. Mettez-vous à la place d'un petit de 3, 4 ou 5 ans à qui un parent dit souvent :

- *Lorsque tu fais ça, tu me fais de la peine. Tu fais pleurer maman parce que tu n'es pas gentille.*

- *Par ta faute, je ne pourrai jamais refaire ma vie, tu es trop méchant !*

- *Je ne suis plus capable de te supporter, même tes professeurs sont rendus à bout !*

- *Tu as 5 ans, tu devrais comprendre…*

- *Par ta faute, je ne peux jamais sortir, aucune gardienne ne veut venir à la maison.*

Et voilà, la culpabilité s'installe. L'enfant commence à se sentir coupable de tout ce qui se passe à la maison. Les paroles disgracieuses n'en finissent plus, il perd toute estime de lui-même. Lorsque les professeurs appellent à la maison parce qu'ils lui reprochent certaines choses, au lieu d'essayer de comprendre, on crie, on punit, on condamne et on culpabilise : « Tu vas me faire mourir ! Je n'en peux plus, je ne sais plus quoi faire avec toi ! » Ces paroles vont avoir un très grand impact négatif sur son avenir.

L'enfant n'a que 5 ou 6 ans et déjà les parents sont dépourvus de ressources. Ou bien c'est le contraire qui se produit. Ce n'est jamais la faute de l'enfant. On accuse tout le monde, sauf lui. On ne prend pas ses responsabilités, on le laisse agir à sa guise, c'est lui le *king* à la maison. Il mène ses parents par le bout de nez et il n'y a jamais de conséquence à ses gestes. Lorsque quelque chose le contrarie, il crie, lance des objets, claque les portes, accuse et frappe ses parents. Et tout ça sans aucune intervention de leur part. Il n'y a aucune autorité parentale, aucune discipline, et c'est très grave. J'ai entendu des parents affirmer : « Il fait sa petite crise… ça va lui passer. » Mais non, c'est vous comme parent qui êtes en train d'y passer. L'enfant ne pourra jamais accepter une réprimande, une conséquence ou même un échec. Tout lui appartient ! Et ça, mes amis, c'est très grave. L'avenir de votre enfant est en jeu, il a besoin de discipline, de balises, il doit connaître les limites de ses parents. C'est ça qui le sécurise.

Ne sachant plus comment agir et réagir, fatigués, épuisés, plusieurs pères et mères décrochent. Ils décident de laisser tomber la discipline, l'éducation et tout le reste. J'en ai entendu tellement de parents dire au sujet de leur enfant : « Qu'il s'arrange. Moi, je n'en peux plus, je ne suis plus capable ! Trop, c'est trop ! » Malheureusement, ce n'est évidemment pas la meilleure solution. Et comme aux grands maux, les grands moyens, les enfants se retrouvent en foyer d'accueil, font des fugues et des tentatives de suicide.

Trop de jeunes se droguent, consomment de l'alcool, conduisent en état d'ébriété, décrochent de l'école ou traînent dans les rues en se cherchant des modèles parmi des gangs, ce qui les conduit à la délinquance. Je sais que c'est triste, alors que pouvons-nous faire pour éviter que cela leur arrive ? D'abord et avant tout, prendre nos responsabilités en tant que parents. Si vous devez vous séparer de votre conjoint, il faut le faire avec la plus grande maturité possible. Ne dénigrez jamais l'autre parent et surtout intervenez si la famille le fait. Souvent, les grands-parents, les oncles, les tantes ou les amis ne se gênent pas pour parler en mal d'un parent en présence de l'enfant. Imaginez tout ce qui se passe dans sa tête. Il sent bien que la famille déteste une des personnes qu'il aime le plus au monde. C'est cruel et grave. S'il vous plaît, lorsque quelqu'un tente de dénigrer votre ex-conjoint en votre présence et devant les enfants, soyez assez mature pour prendre la parole et dire à tout le monde d'arrêter d'en parler en mal. C'est votre responsabilité parentale, vous devez le faire ! Réagissez, votre enfant en vaut la peine.

Nous devons aimer suffisamment nos enfants pour les guider et leur montrer par notre exemple comment on doit se comporter à l'école, en famille et en société. Leur démontrer de la tendresse et de l'affection. Leur apprendre la discipline. Être cohérents dans nos paroles et dans nos gestes. Il ne faut jamais être un parent « ni oui ni non ». Lorsque c'est oui, c'est oui ; et quand c'est non, c'est non. Il faut toujours leur expliquer pourquoi et aussi laisser de la place aux « peut-être, on verra bien ».

Parfois, les enfants sont tellement insistants ; ils connaissent si bien leurs parents qu'ils savent que s'ils ne lâchent pas, ceux-ci vont changer d'idée et dire oui. Ce n'est pas une bonne réaction, ce n'est pas bien pour eux. Vous devez être en accord avec vos convictions. Parfois, le papa dit non et la maman oui. Il faut nous mettre d'accord sur la façon d'éduquer nos enfants. Dans une famille reconstituée ou non, c'est avec de l'amour et de la compréhension qu'on peut réussir à assurer l'équilibre à nos enfants et à les sécuriser. Souvenez-vous de ceci, mes amis : l'enfant apprend par l'exemple.

J'ai rencontré trop souvent des hommes et des femmes qui se plaignaient du comportement de leurs parents. Le pouvoir parental est tellement fort que certains adultes n'ont plus aucune liberté. Une jeune femme me racontait que sa mère pouvait l'appeler dix à quinze fois par jour pour savoir où elle se trouvait, avec qui, et dans quel restaurant elle irait le soir. Sa mère lui faisait plein de recommandations et lui prodiguait plein de conseils : «Attention, ne bois pas, tu conduis ! Attention, il pleut…» C'était un enfer pour elle chaque jour. Un homme de 24 ans se plaignait de l'attitude et du comportement de son père. Ce dernier l'espionnait : «Je dois lui rendre des comptes continuellement concernant mes fréquentations, mes sorties, mes dépenses, mon travail. J'aime mon père, mais il m'appelle cinquante fois par jour ! Je me sens comme si j'avais 10 ans.»

Certains parents ne se rendent pas compte que leur enfant est devenu un adulte. Ils ne lui font pas confiance, le harcèlent continuellement, le contrôlent. Ils lui disent quoi faire, comment le faire et pourquoi il devrait faire ceci au lieu de cela. J'ai entendu tellement d'atrocités sur le pouvoir parental. C'est de la souffrance inutile. Laissons aux jeunes adultes le soin de décider de leur avenir. Si nous avons donné de l'amour à nos enfants et favorisé l'équilibre chez eux, ils seront en mesure de faire des choix. Ça ne sera peut-être pas les nôtres, mais je pense qu'à 20, 25 ou 30 ans on devrait être assez mature pour diriger sa propre vie. Si un jeune se sent en confiance avec ses parents, s'il y a eu beaucoup de communication et de compréhension entre eux, il va aller vers eux et leur demander conseil, sachant très bien qu'il ne sera pas jugé et qu'on ne lui fera pas la morale.

La meilleure façon de diminuer un enfant, c'est de le critiquer sans arrêt, de ne jamais être fier de lui, de le faire sentir comme un moins que rien, de lui dire qu'il ne réussira jamais rien seul et qu'une chance que ses parents sont là. Mais si on veut qu'il devienne un être responsable et équilibré émotionnellement, un être capable de donner de l'amour et d'en recevoir, il faut faire du renforcement positif, souligner ses bonnes actions, le féliciter, lui expliquer la raison des réprimandes, ne jamais le culpabiliser mais le conscientiser à propos de ses actions, lui montrer qu'il y a toujours des conséquences aux gestes que l'on pose dans la vie, qu'ils soient positifs ou négatifs.

Et si vous avez donné le meilleur de vous-même, dites-vous bravo ! Vous aurez alors fait ce que vous pouviez avec ce que vous aviez. Laissons la chance à nos jeunes de nous prouver ce qu'ils peuvent devenir, ils nous surprendront sûrement.

EXERCICE

• Quels sont vos objectifs à atteindre cette semaine?

_____

_____

_____

_____

_____

_____

_____

_____

• Conscientisez-vous concernant la forme de contrôle que vous exercez sur votre entourage.

• Surveillez-vous pour ne pas vous perdre de vue.

• Tant que vous blâmerez les autres, vous n'aurez pas à remettre en question votre comportement ni à le changer.

Je vous présente
ma
CONFÉRENCE

L'ATTITUDE

Septième conférence : L'attitude

Personne ne reste indifférent à l'attitude des gens autour. On a tous subi, un jour ou l'autre, le comportement d'un individu affichant une mauvaise attitude ou encore la joie d'être avec quelqu'un qui possédait une très bonne attitude. Que ce soit en famille, au travail ou avec des copains, notre attitude détermine ce que nous sommes, et nous pouvons changer nos comportements en modifiant nos attitudes.

Je ne surprendrai personne en parlant de gens qui passent chaque journée à se demander pourquoi ils vivent et si leur vie a un sens. Plusieurs d'entre eux ne savent vraiment plus comment s'en sortir ; ils ont eu une vie remplie de déboires et de défaites, et leur existence ressemble à un éternel combat. Pour eux, rien ne va plus : ils ont connu deux ou trois divorces, leur vie de couple ne tient qu'à un fil, etc. Parfois même, ils se demandent combien de temps encore ils pourront vivre de cette façon. Sans parler de leurs enfants pour qui c'est plutôt mal parti, car, comme parents, ils ne viennent pas à bout de se faire respecter. Plusieurs ont même carrément abandonné.

Je sais, mes amis, que ce sont des passages difficiles à vivre, mais malgré le passé qui nous a tant affectés, qu'est-ce que nous pouvons faire aujourd'hui pour améliorer notre avenir ? Existe-t-il des solutions ? Est-ce que je peux avoir une meilleure qualité de vie ? Ai-je, moi aussi, droit au bonheur ? La réponse est oui.

Pourquoi ? Parce que même si notre vie passée a été difficile et que notre présent ne semble pas mieux, nous pouvons vivre autrement si nous le désirons. En effet, la force qui nous habite est toujours là, présente, à l'intérieur de chacun de nous. Ceux et celles dont la vie semble bien aller ressentent aussi parfois un petit vide intérieur, un manque de motivation et d'enthousiasme. Mais ils ont cette petite étincelle que j'appelle la passion et qui fait toute la différence. Ce qui est magique et magnifique, c'est que l'on peut rallumer cette flamme et faire brûler à nouveau cette étincelle de vie.

C'est spécialement pour vous que j'ai écrit cette conférence qui vous apportera, j'en suis sûr, un renouveau dans votre vie. Souvent, on ne sait pas comment s'en sortir ; mais croyez-moi, mes amis, ce sujet peut faire toute la différence entre votre passé et votre avenir. L'utilisation du mot « magique » peut vous sembler exagérée, mais lorsque vous aurez lu les pages qui suivent, vous allez comprendre toute sa signification. Leur contenu peut vous aider tant dans votre environnement professionnel que dans votre vie personnelle.

Comme notre vie n'est pas écrite d'avance, c'est nous qui la façonnons. Bien sûr, il y a eu les blessures de notre enfance, la façon dont nous avons été élevés, notre éducation, les modèles que nous avions devant nous. Tous ces éléments ont été comme les morceaux d'un casse-tête. Au fur et à mesure que les années passaient, ces pièces se mettaient en place pour façonner une partie de notre vie. En ce qui concerne l'autre partie, nous sommes responsables des morceaux que nous y ajoutons. Nous pouvons également décider d'arrêter la construction du puzzle et en commencer un autre : celui que nous voulons, et non celui qui nous a été imposé. C'est ça qui est extraordinaire : nous avons le choix !

Et pour faire de bons choix, il faut avoir une vision positive de notre vie, manifester le courage d'affronter nos problèmes, et commencer à agir avant que ces derniers échappent à tout contrôle. Or, on peut y arriver en changeant nos attitudes.

L'attitude est un sujet extrêmement personnel et sensible. Personne ne peut vous forcer à changer d'attitude et de comportement. Vous seul en avez la responsabilité et vous seul pouvez le faire. On nous a tellement imposé de modèles à suivre que nous avons littéralement perdu notre identité. Nous ne savons plus ce qui est bon ou mauvais pour nous, si ce que nous faisons a de la valeur, si notre jugement est bon, si nous sommes des parents respectables, ou si nous avons réussi à donner à nos enfants ce qu'ils étaient en droit d'attendre de nous. Et dans ce monde où le superficiel a tendance à prendre le dessus, nous avons oublié la chose la plus importante au monde : la valeur de la vie.

C'est malheureux, car depuis plusieurs années, ce qui est à l'ordre du jour, c'est la performance, établir des records. C'est de cette façon qu'on détermine notre valeur. On demande aux êtres humains d'être comme des machines. Vite ! Il faut faire vite ! Sinon, nous ne sommes pas performants et surtout pas efficaces. Que ce soit à la maison ou au travail, nous trouvons que notre vie n'a plus aucun sens parce que nous courons après le temps. Pourquoi pensez-vous que certaines personnes se sentent épuisées, fatiguées, en *burnout* ? Elles n'en peuvent plus. La vie leur pèse sur les épaules et devient un fardeau de plus en plus lourd à porter. Leur attitude est désastreuse, à la maison comme au travail. Rien ne va plus. C'est ça qu'on appelle perdre le contrôle de sa vie.

Sans trop nous en rendre compte, et la vie étant ce qu'elle est, nous avons développé de très mauvais comportements. Je ne voudrais pas habiter dans certaines maisons où tout le monde doit performer. Voici des exemples. Ça commence au réveil, les parents crient :

- *Les enfants, dépêchez-vous ! Levez-vous !*
- *Vite, on va être en retard !*
- *Comment ? Vous n'êtes pas encore habillés ? Dépêchez-vous !*
- *Vite, faites votre lit !*
- *Dépêchez-vous, sortez de la salle de bains !*
- *Si ça continue, on va tous être en retard…*
- *Ça y est, on est tous en retard !*
- *On n'a pas le temps de déjeuner.*
- *Si vous avez manqué votre autobus, je vais encore être obligé d'aller vous reconduire à l'école, et c'est moi qui vais être en retard au travail !*

C'est comme ça presque tous les matins. Les parents n'en peuvent plus et les enfants non plus. On ne fait pas ça méchamment, mais on a pris beaucoup de mauvaises habitudes ; c'est ça qui favorise le développement de comportements souvent négatifs et agressifs. Je vous donne d'autres exemples de paroles qui engendrent ces comportements :

Les enfants :

- *Vous criez toujours après nous, on est tannés !*
- *Vous n'êtes jamais contents de nous.*
- *On ne peut jamais se parler dans cette maison, tout le monde crie tout le temps.*

Les parents :

- *Si vous vous couchiez plus tôt, le matin vous vous lèveriez quand je vous le demande.*
- *Si ça continue, vous allez vous arranger tout seuls. On n'en peut plus !*

Ensuite, on arrive au travail avec une très mauvaise attitude, et lorsqu'on revient à la maison, le soir, on continue de crier :

Les parents :

- *Au lieu de vous écraser devant la télé, faites vos devoirs !*
- *Vous laissez tout traîner, ramassez-vous ! Ce n'est pas toujours à moi de tout faire dans cette maison !*
- *Arrêtez de fouiller dans le réfrigérateur, on va souper bientôt !*
- *Comment ça se fait que tes notes ont baissé ? Tu ne fais pas assez d'efforts. Tu ne fais rien de ta vie, toujours sur l'ordi… Tu te prépares un bel avenir !*

Les enfants :

- *Oui, mais on a faim ! On n'a pas déjeuné, on était en retard et on était tellement pressés qu'on a oublié notre lunch.*
- *Dépêche-toi de faire à souper, on est affamés !*
- *J'espère que tu as lavé mes jeans… J'en ai besoin, je sors ce soir.*
- *As-tu repassé ma chemise blanche ?*

Sans que nous nous en rendions compte, notre vie est remplie d'attitudes et de comportements négatifs. Et nous nous demandons pourquoi nous n'arrivons plus à contrôler notre vie :

- *Pourquoi ai-je l'impression de tout faire et que personne n'est jamais content?*

- *Pourquoi est-ce que je me sens si essoufflé?*

- *Pourquoi est-ce que je pense souvent à m'en aller et à tout laisser tomber?*

- *Pourquoi la vie est-elle si moche?*

- *Pourquoi ai-je perdu confiance en moi et aux autres?*

À cause de leurs attitudes négatives, plusieurs personnes manquent d'espoir en la vie et ressentent un mal de vivre. Elles sont tellement frustrées et en colère qu'elles recherchent des évasions dans le jeu, les drogues, l'alcool ou les médicaments. Leurs attitudes et leurs comportements les poussent à se détruire inconsciemment. Elles se renferment dans la solitude et pour elles leur vie est un échec.

C'est compréhensible, car nos attitudes sont souvent désastreuses face aux difficultés que nous vivons tous les jours. Alors, pourquoi rester dans un état pareil? Ce qui est extraordinaire, c'est que nous pouvons changer les choses, modifier nos comportements. Je sais, mes amis, qu'il faut beaucoup de courage et de motivation pour réagir, pour changer nos attitudes et nos habitudes. Mais je sais qu'on peut y arriver parce qu'une grande force réside en chacun de nous. Elle vient de l'intérieur, elle définit nos comportements et nos réactions tant physiques qu'émotives.

Nos habitudes émotionnelles se figent en nous et nous répétons indéfiniment la même cassette, nous reproduisons inconsciemment le même puzzle. C'est pour cela qu'il faut accepter de changer nos comportements et nos attitudes. Être positifs aide notre esprit à penser librement et développe notre créativité. Une attitude positive peut générer des niveaux d'énergie plus élevés, et j'ai remarqué que les gens qui se fixent des objectifs à atteindre sont plus aptes à avoir une attitude positive que ceux qui n'en déterminent pas.

Lorsque nous développons de nouvelles attitudes, nous engendrons aussi de nouvelles façons de voir la vie et le monde qui nous entoure. Si nous changeons nos comportements négatifs face à notre environnement, à notre famille, à notre milieu de travail et à la société, notre perception aussi se modifie. Plus les habitudes à vaincre sont ancrées en nous, plus la transformation exige un grand travail, des efforts pour nous en sortir.

Cela étant dit, nous ne pouvons que nous émerveiller du pouvoir que nous avons sur nous-mêmes. Le bonheur n'est pas un privilège des uns au détriment des autres. Si vous avez cru cela dans le passé, c'est le temps de changer votre perception. Il y a une manière de vivre qui nous assure tout le bonheur que nous sommes en droit d'attendre de notre existence. Pour y arriver, il faut reprendre le contrôle de nos attitudes, de nos comportements et surtout de notre vie.

Chaque fois que nous apercevons quelqu'un qui affiche une attitude médiocre à l'égard d'une autre personne, nous pouvons être certains que médiocre aussi est son attitude envers lui-même. Il y a des millions d'êtres humains vivant des vies étriquées, obscures et frustrées, toujours sur la défensive. Souvent, c'est dû à une perception négative d'eux-mêmes, à un manque d'estime de soi. Cette mauvaise perception affecte non seulement leurs idées et leurs comportements, mais aussi leur façon de voir les autres.

Peut-être est-ce notre vie passée qui nous a modelés, qui a développé en nous autant d'attitudes négatives. Mais nous ne sommes pas des statues de cire, nous avons le droit de changer. Efforcez-vous de faire des choix, créez vous-même votre échelle de valeurs personnelles. Allez-y, n'ayez pas peur ! Il revient à chacun de nous de faire le point sur ce qui nous motive à réussir.

Entretenir son attitude est un processus régulier. C'est une démarche quotidienne que tout le monde devrait entreprendre. Que pourrait-on dire de vous concernant vos attitudes et vos comportements ?

- Que vous chialez tout le temps ?
- Que vous êtes soupe au lait ?
- Que vous n'acceptez aucune critique ?
- Que vous trouvez les autres incompétents ?
- Que les gens qui vous entourent ne comprennent jamais rien ?
- Que vous êtes une personne impatiente et nerveuse ?

- Que vous êtes rébarbatif et toujours sur la défensive?

- Que vos attitudes sont très négatives?

- Que vous êtes pessimiste et que vos réactions sont souvent exagérées?

- Que vous n'avez aucun contrôle sur vos paroles, qui sont terriblement blessantes, et que vos excès de colère vous conduisent souvent à des actes de violence?

- Que tout ce que l'on désire, c'est quitter la maison pour fuir vos comportements et vos attitudes destructrices?

Et vous, mes amis, en vous regardant vivre, que pensez-vous de vous? Soyez réalistes et sincères avec vous-mêmes: quels sont les comportements et les attitudes que vous devriez changer? Vous avez le choix, car je vous le dis: le bonheur et la vraie liberté ne sont possibles qu'à la condition d'assumer pleinement la responsabilité de sa personne. Tant que nous blâmerons les autres, nous n'aurons jamais à remettre en question notre comportement et nos attitudes. Il faut du courage pour se regarder vivre.

Devant une situation imprévue, souvent nos émotions prennent le dessus. À ce moment précis, notre façon de réagir est celle que nous avons toujours connue, toujours entretenue. Après coup, nous regrettons souvent d'avoir agi d'une façon impulsive, d'avoir eu une attitude et un comportement très négatifs; mais notre cassette d'habitudes intérieures nous a façonnés pour que nous réagissions de cette façon, ce qui fait de nous des victimes. Nous ne sommes jamais coupables. Certaines personnes s'apitoient continuellement sur leur sort, la peur d'agir les paralyse. Plusieurs affirment avoir mauvais caractère, en disant: «Je suis venu au monde comme ça. Ce n'est pas de ma faute, j'ai le même caractère que mon père.»

Comme c'est facile de dire ça, mes amis. Ça signifie: «Je n'ai pas d'efforts à faire. Je suis comme ça et je n'y peux rien. Alors, acceptez-moi avec mon mauvais caractère, ça fait partie de ma personnalité.» Moi, je peux vous dire que c'est faux. On ne naît pas avec un caractère difficile. Avez-vous déjà vu un bébé agir d'une façon agressive lorsqu'on s'approchait de lui en faisant des guili-guilis sur sa joue? Se mettre à crier en lançant son biberon? Non, bien sûr, car au départ nous avons

127

tous un bon caractère. Mais avec les années, on le façonne, on le forge. Notre éducation est un tremplin décisif pour nos comportements et nos attitudes. Se faire répéter souvent des phrases négatives qui prennent la forme de remarques cinglantes, de jugements sévères et parfois très humiliants constitue un mauvais traitement émotionnel :

- *Tu ne sais rien faire !*
- *Tu n'es qu'un incapable !*
- *Tu ne feras jamais rien de bien dans la vie !*
- *Tu n'es qu'un maladroit !*
- *Espèce de sans dessein, de cabochon, de niaiseux !*

Mes amis, ce ne sont que quelques exemples de paroles que l'on nous dit et que nous répétons inconsciemment à nos enfants. Alors, ils se sentent rejetés, mal aimés et surtout incapables d'établir une relation de confiance avec les autres.

La dévalorisation détruit l'estime de soi ; on est persuadé que, quoi qu'il arrive, on ne sera jamais à la hauteur. Alors, on se replie sur soi, on se déprécie, et souvent on ne pose pas de gestes parce qu'on est paralysé par la peur de l'échec. Nos attitudes et nos comportements ne sont pas à la hauteur de ce que nous sommes et nous empêchent souvent de reconnaître notre valeur personnelle.

L'amour de soi, c'est le respect que l'on se donne et qu'on attend des autres. C'est rester fidèle à ses idéaux les plus élevés, découvrir la grandeur qui sommeille au fond de soi. C'est aussi être fier de soi et de ce qu'on représente, s'accepter avec ses qualités et ses défauts, et savoir reconnaître ses forces et ses faiblesses.

En réalisant que le manque d'amour de soi est à la base de presque tous les problèmes dont souffrent les êtres humains, je dois commencer à m'interroger sur moi-même et consentir à me reconnaître comme je suis. C'est à ce moment précis que je peux devenir un meilleur être humain.

Mes amis, si vous n'aimez pas ce que vous êtes devenus au cours des années, je peux vous dire, avec toute mon expérience et tous les commentaires que j'ai entendus pendant vingt-cinq ans, que si vous le désirez vraiment, vous pouvez changer vos comportements en modifiant vos attitudes. Ça marche, croyez-moi ! Accepter de changer, c'est un acte de courage et d'amour pour soi-même. C'est regarder en avant, décider consciemment de se prendre en main. C'est surtout arrêter de se considérer comme un incapable ou un incompétent. C'est changer l'image négative que l'on a de soi.

Vous avez un grand défi personnel à relever : celui de ne pas gaspiller votre énergie en vous apitoyant sur vos malheurs. Plus votre attitude sera positive, plus vous concentrerez vos efforts sur vos atouts gagnants, et plus vous découvrirez que la vie vous offre de merveilleuses occasions. Ainsi, le monde vous paraîtra plus beau, et enfin vous aurez une meilleure vision des choses. Vous trouverez beaucoup plus facilement une façon positive de régler vos problèmes, que ce soit au travail ou à la maison. On sera beaucoup plus attiré par votre personnalité pleine de vie, d'enthousiasme et de positivisme. Les gens affichant des attitudes et des comportements positifs se font remarquer au travail ; on admire leur façon de voir la vie et on veut leur ressembler.

L'attitude est la grande force que l'on possède à l'intérieur de soi. Pour se servir de cette magnifique puissance, il faut aller la puiser directement là où elle est. Nous allons apprendre ensemble à transformer notre force négative, celle-là même qui a servi à nous démolir, en une force positive, pour nous rebâtir, en acceptant de nous prendre en main, car la seule personne qui peut faire quelque chose pour nous, c'est nous !

C'est pour cette raison que l'estime de soi est si importante : elle influence notre vie, nos pensées, nos actions, nos sentiments, nos réussites et nos échecs. L'estime de soi nous aide à nous sentir efficaces, productifs, compétents et sympathiques. Ce n'est pas parce qu'une relation affective a échoué que nous sommes mauvais, inefficaces et incompétents. Il faut comprendre que nous ne sommes pas faits pour tout le monde, et que ce n'est pas tout le monde qui nous convient. Et ça, ce n'est pas un échec, c'est simplement la réalité.

On m'a souvent posé cette question : « Est-ce que je peux vraiment changer ? » Ma réponse a toujours été la même : « Oui, si tu acceptes de modifier tes habitudes et tes comportements. » En effet, c'est possible, car l'attitude, c'est toujours cent pour cent positif ou cent pour cent négatif. La preuve : décortiquons le mot « attitude » en nous référant aux lettres de l'alphabet et au rang que chacune occupe, et vous serez étonné du résultat :

A	=	1
T	=	20
T	=	20
I	=	9
T	=	20
U	=	21
D	=	4
E	=	5
TOTAL		100

Donc, qu'elle soit positive ou négative, l'attitude constitue toujours cent pour cent de notre comportement. Que l'on adopte une bonne ou une mauvaise attitude, on utilise toujours cent pour cent de notre force intérieure.

Plusieurs personnes se demandent quelle est la différence entre une attitude et un comportement. Je vous dirais que l'une crée l'autre. De plus, un comportement est toujours observable et mesurable, c'est ce qu'on fait ou dit. On peut donc décrire un comportement. Les conséquences en sont le résultat. Le comportement, c'est l'agir, autrement dit l'action.

Je vous donne l'exemple d'un employé de bureau qui entre au travail le matin, très motivé, avec une attitude positive. Pour appuyer son attitude, il a un comportement extraordinaire. Il dit bonjour à tout le monde, avec un sourire. Je peux vous assurer que cette personne a beaucoup de possibilités d'avancement dans la compagnie, car elle dégage des énergies positives, et c'est ce genre d'employé que les entreprises recherchent.

Alors, si c'est tellement important, pourquoi tant de personnes persistent-elles à rester comme elles sont? Parce que changer est une démarche de courage et d'amour. Mais le voyage en vaut vraiment la peine, et surtout je suis sûr que vous pouvez y arriver. Aller à la découverte de soi n'est jamais facile, mais je peux vous assurer que la vie vous semblera plus belle, et effectivement elle le sera. Vous découvrirez au cours de cette démarche l'espoir, la compréhension et le courage pour devenir enfin la personne que vous voulez être. L'attitude, c'est faire comme si on possédait déjà ce que l'on veut obtenir. Mais pour cela, il faut faire des efforts.

Maintenant, comment faire pour changer ses propres situations d'échec et de souffrance en situations positives de réussite et de bonheur? Voici deux exemples démontrant comment réussir dans son milieu familial ou professionnel, dans sa vie de couple, en amitié, dans le domaine des sports aussi bien qu'à l'école.

Admettons que vous désirez acheter une maison. Vous manifestez donc l'attitude de quelqu'un qui veut acquérir une propriété : vous téléphonez à un agent immobilier et vous regardez ensemble le genre de maisons que vous désirez. Vous en trouvez une qui vous convient à merveille. Vous êtes emballé et décidez de l'acheter. Cependant, elle coûte 250 000 $ et vous n'avez que 20 000 $ à donner. Vous allez à la banque et demandez un prêt, qui vous est accordé. Toutes les transactions étant terminées, vous déménagez dans votre nouvelle demeure et dites à tout le monde : «Êtes-vous au courant? Je viens de m'acheter une maison, je suis propriétaire!» La maison n'est pourtant pas à vous, elle appartient à la banque parce que vous n'avez versé qu'une fraction de sa valeur. Mais vous faites comme si elle vous appartenait : vous adoptez l'attitude d'un nouveau propriétaire. Vous n'habitez pas que le sous-sol mais toute la maison. Vous en prenez soin en la peignant et en lavant les fenêtres, vous coupez le gazon et vous dites à vos voisins : «Bonjour, je suis le nouveau propriétaire!» Tous les mois, vous prenez une nouvelle habitude, celle de faire vos paiements. Et au bout de cinq, dix ou quinze ans, vous devenez vraiment le propriétaire de la maison.

Maintenant, si nous pouvons devenir propriétaires de biens matériels que nous désirons, nous pouvons aussi acquérir le calme, la patience, la sobriété, la bonne humeur, la confiance ou la tolérance que nous souhaitons. Nous pouvons même trouver l'amour en changeant notre attitude. Nous pouvons adopter l'attitude de la réussite dans notre vie de couple et comme parents. C'est sûr que nous aurons continuellement des paiements à faire, mais ça vaut la peine d'essayer.

Si je vous disais que la seule différence qui existe entre le mal-être et le bien-être, c'est l'attitude, vous me demanderiez peut-être : « Robert, ce simple petit mot peut vraiment changer ma vie ? » Et je vous répondrais : « Oui, c'est en changeant nos habitudes et nos attitudes que nous pouvons changer notre vie. »

Voici un autre exemple. Vous êtes chez vous avec votre conjoint et ça ne va pas très bien. Vous êtes en train de vous engueuler. Des mots qui font mal se disent de part et d'autre. Ce sont des paroles très dures et le ton monte dans la maison. La tolérance et la compréhension sont disparues, et les mauvaises attitudes ont pris le dessus. Tout à coup, on sonne à la porte. Qu'est-ce qui se passe ? Vous prenez la même force dont vous vous êtes servi pour vous disputer, pour blesser l'autre avec des paroles horribles – que vous ne vouliez pas dire, mais vous aviez complètement perdu le contrôle – et, en l'espace d'un « ding, dong », vous devenez accueillant. Vous recevez les gens qui arrivent avec un sourire. Ils vous demandent : « Comment ça va ? » Et vous répondez : « Nous ? Ça va très bien ! N'est-ce pas, chérie ? » Regardez ce qui est extraordinaire. Cette puissance qui vous servait à vous détruire, vous l'avez transformée, et ce en quelques secondes, et vous avez adopté l'attitude d'une personne cordiale.

Ce n'est pas porter un masque, c'est tout simplement ne pas faire subir à nos amis notre dispute de couple. Alors, si vous vous engueulez, appelez-moi, j'irai sonner à votre porte ! Changer d'attitude est fascinant et magique en même temps. On peut opérer ce changement partout, en toutes circonstances. Dans la circulation, quelqu'un m'agresse. Je peux changer mon attitude au lieu de devenir agresseur moi aussi. J'ai le choix. Je peux devenir tolérant en me servant de cette grande force intérieure en moi. Je prends une nouvelle attitude qui deviendra automatiquement une nouvelle habitude. Parce que c'est la même force, qu'elle soit négative ou positive : c'est un choix !

Pour devenir propriétaire de votre maison, vous avez fait des paiements. Pour les objectifs que vous allez vous fixer, il y en aura aussi à faire : des gestes à poser et à répéter encore et encore jusqu'à ce qu'ils deviennent de nouvelles habitudes.

Changer ses attitudes demande de la persévérance et de la patience. Il n'est jamais trop tôt ni trop tard pour être heureux. Prenez le temps de vous regarder vivre. Avez-vous adopté de mauvaises habitudes ? Avez-vous de drôles de comportements ? Quels rapports avez-vous avec les autres : votre famille, votre conjoint, vos enfants, vos frères, vos sœurs, vos amis, vos copains de travail, de même que vos ex-conjoints ?

Est-ce que votre façon d'être, autrement dit votre comportement, éloigne ou rapproche les gens ? Comment se sent-on auprès de vous ? Est-ce qu'on marche sur des œufs lorsqu'on vous parle, car vous interprétez les paroles des autres d'une façon négative ? Est-ce qu'on peut vous raconter un déboire sans se sentir jugé ou avec le sentiment que vous avez toujours su que cela arriverait ? Est-ce que vous gardez un petit carnet de notes dans votre mémoire au cas où quelqu'un vous dirait quelque chose qui vous déplairait ? De cette façon, pas question d'oublier la raison pour laquelle vous êtes frustré puisque c'est écrit dans votre carnet. Est-ce que vos humeurs font fuir votre entourage ? Est-ce que vous êtes boudeur ? Une femme m'a déjà dit qu'elle pouvait rester deux semaines sans parler à son conjoint. À la fin, elle ne savait même plus pourquoi elle boudait. Elle disait : « Puisque ça fait si longtemps, c'est que ça devait être grave. »

Est-ce que vous claquez les portez lorsque vous êtes en colère ? Est-ce que vous ruminez sans cesse ? Par exemple : « Il m'a dit ça pour me blesser. Il va me le payer ! Pour qui se prend-il ? Je ne suis pas près de lui reparler. » Et l'on ressasse toute la journée une grande frustration qui peut durer des jours et des jours. Cela se passe à l'intérieur de nous, et sans que nous nous en rendions compte, toute notre attitude change, nous devenons aigris et de mauvaise humeur. Ou bien peut-être êtes-vous de ceux qui portent le masque de l'indifférence : « Ce n'est pas grave, ce qu'il a dit. Je ne m'en fais pas… » Puis, rendu à la maison, votre attitude change carrément. Vous bousculez tout le monde, vous êtes enragé, de mauvaise humeur. Vous ne dormez pas de la nuit, pensant aux paroles qu'on vous a dites.

Alors, mes amis, qui êtes-vous au juste ? Quels comportements devez-vous rayer de votre vie ? Adoptez-vous toujours une attitude de réussite ou une attitude d'échec ? Faites-vous partie des gagnants ? Dressez une liste de vos valeurs personnelles et changez les attitudes et les comportements qui vous empêchent d'être heureux. N'ayez plus peur, allez-y : c'est ça, la motivation !

Posez-vous les questions suivantes :

- *Qu'est-ce que j'attends de la vie ?*
- *Est-ce que je contrôle ma vie ?*
- *Qu'est-ce que je peux changer pour devenir un meilleur être humain ?*
- *Demain matin, quelle attitude vais-je adopter au réveil ?*
- *Est-ce que j'ai vraiment besoin de consommer ?*
- *Est-ce que j'ai vraiment besoin de boire autant ?*
- *Est-ce que je veux me libérer de ces mauvaises habitudes ?*

Notre vie est faite d'attitudes qui sont devenues des habitudes. Puis nous avons développé des comportements correspondant à nos habitudes, qui souvent nous ont détruits.

Pour terminer cette conférence, j'aimerais vous proposer quelques phrases positives. Vous pouvez les répéter, mais idéalement allez-y avec vos propres mots et ajoutez les attitudes qui vous conviennent le mieux.

- *À partir de maintenant, je prends l'attitude de la sobriété : fini la drogue et l'alcool !*
- *À partir de maintenant, je prends l'attitude de la bonne humeur : fini la bouderie et le ressassage !*
- *À partir de maintenant, je prends l'attitude de la réussite : fini de m'apitoyer sur mon sort !*
- *À partir de maintenant, je prends l'attitude de motiver les gens qui m'entourent : fini de critiquer mes enfants et ma famille !*
- *À partir de maintenant, je prends l'attitude de la compréhension : fini de juger tout le monde !*

- *À partir de maintenant, je prends l'attitude de mettre de la souplesse dans ma vie : fini la rigidité et la peur des autres devant mes comportements !*

- *À partir de maintenant, je prends l'attitude de la déculpabilisation : fini de me sentir toujours victime et responsable de tout ce qui arrive aux autres !*

- *À partir de maintenant, je prends l'attitude de la détermination : fini d'abandonner mes projets et de ne jamais rien terminer !*

- *À partir de maintenant, je prends l'attitude de me prendre en main : fini d'attendre que les autres fassent les choses à ma place !*

Si tu n'aimes pas la vie,
ce n'est pas la vie qu'il faut
changer, mais tes attitudes
face à la vie.

EXERCICE

• Quels sont vos objectifs à atteindre cette semaine?

_____

_____

_____

_____

• Quelles sont les attitudes que vous devez changer pour développer de nouvelles habitudes?

_____

_____

_____

_____

Vous pouvez changer votre vie en changeant vos attitudes. Vous avez le droit d'être heureux; pour ce faire, reprenez le contrôle de votre vie.

Je vous présente
ma
CONFÉRENCE

L'ORGUEIL

HUITIÈME CONFÉRENCE : L'ORGUEIL

Je peux dire sans me tromper que c'est un sujet très épineux parce que dès qu'on dit à quelqu'un qu'il est orgueilleux, on met le doigt sur une plaie ouverte, une blessure qu'il ne faut jamais toucher. Parce que ça fait mal, très mal ! Vous avez sûrement déjà entendu ces paroles : « Il m'a blessé dans mon amour-propre. » En d'autres mots : « Il a touché à mon orgueil. » On peut être gonflé d'orgueil, tellement qu'on n'avouera jamais ses torts. Cette étrange maladie, mes amis, nous en souffrons tous, à des degrés divers.

On dit souvent qu'une personne est orgueilleuse lorsqu'on la considère comme hautaine, arrogante, prétentieuse et vaniteuse ; mais l'orgueil dépasse tous ces qualificatifs. L'orgueil est dévastateur, il nous empêche d'être nous-mêmes et nous fait développer toutes sortes de comportements qui nous empêchent de demander ce dont nous avons besoin. Par orgueil, nous bâtissons souvent une barrière infranchissable entre nous et nos proches, nous cachons nos sentiments les plus profonds pour que jamais personne ne vienne mettre le doigt dans la plaie.

Combien de pères de famille sont capables de dire « je t'aime » à leur fils ? À l'âge de 3, 4 ou 5 ans, d'accord ; mais lorsque l'enfant vieillit, on lui sert la main pour lui dire bonne nuit : plus de baisers, plus de caresses. Si jamais quelqu'un voyait un homme embrasser son fils de 12 ans, qu'est-ce qu'il penserait de lui ? Parce que c'est très important ce que les autres pensent de nous.

Combien de personnes n'acceptent pas de vieillir, de voir apparaître des rides, de perdre des cheveux ou de les voir blanchir, d'avoir moins de force, moins d'énergie, de prendre deux jours pour faire le ménage au lieu d'un? Combien disent oui alors qu'elles voudraient dire non, ou refusent toute aide de quiconque? « Non, non, je suis capable. J'ai toujours fait mes choses tout seul. Merci de me l'offrir, mais je vais m'arranger. » C'est l'orgueil qui vient de parler chez cet individu. S'il fallait un seul instant qu'on dise de lui: « Il a l'air fatigué, on va l'aider. » Quelle catastrophe! Jamais on ne dit ça à une personne orgueilleuse, car on vient de mettre le doigt dans la plaie.

Combien d'hommes n'acceptent pas l'andropause, ou de femmes la ménopause? Quelle période difficile à vivre! Lui n'a plus aussi souvent de désir sexuel; ou encore il veut faire l'amour, mais le désir ne dure pas longtemps. Il ne l'accepte pas, il est blessé dans son orgueil. Alors, il accuse sa conjointe de n'être plus aussi désirable qu'avant; ce n'est pas sa faute, c'est elle la coupable! Au lieu d'en parler avec sa partenaire, il est frustré; c'est pour cette raison que les petites pilules bleues sont devenues tellement populaires. On n'a pas le droit d'avoir des pannes dans le domaine sexuel. Alors, on se bourre de médicaments pour se faire croire qu'on ne connaît pas ça, le manque de désir: on est des hommes, des vrais!

Combien de femmes n'acceptent pas d'être humiliées dans leur sexualité? Elles font donc semblant d'atteindre le septième ciel alors qu'elles sont frustrées en permanence. Par orgueil, elles n'avoueront jamais à leur conjoint qu'il ne les satisfait jamais et qu'il faudrait qu'il s'y prenne différemment. L'orgueil est trop fort, c'est un sujet trop épineux, trop délicat; surtout, il ne faut jamais en parler.

Et alors, c'est le début de la fin. Par orgueil, on brise souvent les liens qui nous unissent l'un à l'autre. J'ai connu un couple dont les partenaires s'aimaient beaucoup, mais qui, depuis quelques années, à cause de frustrations, se « picossaient » constamment, blessant l'autre par des paroles violentes. Un soir, l'un d'eux a dépassé la limite, et l'autre a décidé de claquer la porte: « C'est terminé. Je pars et je ne reviendrai jamais. Je te quitte! » Dans les semaines qui ont suivi, ils ont dit à toute la famille ainsi qu'aux amis que c'en était fini de leur couple, qu'ils ne reviendraient pas sur leur décision.

Puis ils se sont aperçus qu'ils s'aimaient vraiment ; mais, croyez-le ou non, ils ont quand même divorcé. Pourquoi, croyez-vous ? Par orgueil ! Leur orgueil était plus fort que leur amour : « Qu'est-ce que les autres vont dire si on change d'idée ? » C'est triste, mes amis, qu'ils n'aient pas été capables d'affronter la famille en expliquant : « Nous nous sommes rendu compte de notre erreur. Nous nous aimons et nous avons décidé de revenir ensemble. » Quelle horreur ! Ça ne se fait pas, pour qui va-t-on passer ? Pour des personnes qui ne savent pas ce qu'elles veulent ? Surtout pas ! Alors, restons sur nos positions, brisons notre couple et tant pis, il est trop tard pour avouer notre erreur. On est trop orgueilleux pour reconnaître qu'on s'est trompés.

Une dame m'a raconté comment l'orgueil l'avait minée tout au long de sa vie. Un soir, elle s'est approchée de son conjoint qui était en train de regarder la télévision. Elle avait une envie folle de faire l'amour. Elle s'est mise à lui caresser les oreilles, à l'embrasser… Mais, très maladroitement, il l'a repoussée : « Qu'est-ce qu'il te prend ? Lâche-moi, fatigante ! » Elle l'a laissé tranquille, mais elle s'est dit à elle-même : « Avant que je lui redemande de faire l'amour, les poules vont avoir des dents ! » Elle a été quinze ans à étouffer ses sentiments, ses émotions, parce qu'elle avait été blessée dans son orgueil. C'est grave, mes amis !

Combien d'hommes et de femmes ne se rendent pas compte qu'ils font parfois des erreurs monumentales en parlant de sexualité devant des invités : « Ce n'est pas grave, ce sont nos amis… Ils nous connaissent. » C'est une chose à ne jamais faire, tant pour elle que pour lui. C'est un sujet tellement délicat, on peut glisser sur une pente difficile à remonter. Elle dit devant la famille : « Mon conjoint, ça lui prend deux minutes ! Il est comme un lapin… c'est vite terminé. » Lui « se ferme la trappe » devant les gens, il rit jaune. Mais aussitôt qu'il a une chance, il prend sa revanche : « Parlant de sexualité, j'aimerais vous dire que ma conjointe n'est pas très attirée par la chose… Elle serait plutôt du genre glaçon. Ah ! Ah ! Ah ! » Où croyez-vous que cette petite farce plate fait mal ? Directement dans la plaie de l'orgueil, c'est comme entrer un couteau dans le cœur de l'autre. Vous venez de briser votre vie et de beaux moments d'amour, car la sexualité fait partie de l'existence.

Alors, mes amis, faites attention à vos paroles, réfléchissez bien avant de vous aventurer dans des sujets qui ne concernent que votre couple. Sinon, l'autre va vous en vouloir pendant longtemps : personne n'accepte de se faire prendre en défaut, ça fait trop mal. Si vous avez des problèmes qui touchent votre sexualité, allez voir un professionnel pour vous faire aider. Malheureusement, cette démarche est souvent mal acceptée par les hommes. J'ai souvent entendu cette phrase : « Qu'est-ce que tu veux qu'on aille faire là, ma femme ? Ça ne regarde personne, nous allons régler nos problèmes nous-mêmes. » Raconter sa vie et ses frustrations, où est-ce que ça fait mal ? À l'orgueil. Cette maladie prend beaucoup de place dans notre vie.

Combien de fois des gens s'endettent parce qu'ils ne sont pas capables de dire à des amis qu'ils n'ont pas les moyens d'aller au restaurant ? « Désolé, on n'a pas d'argent à dépenser ce mois-ci, on a trop de choses à payer. » De quoi est-ce qu'on a l'air devant les autres ? Les apparences sont tellement importantes ! Il faut qu'on paraisse bien. Alors, on fait comme tout le monde : une belle maison, de beaux meubles, une voiture neuve, des cadeaux extravagants, du vin trop cher… Les cartes de crédit sont au maximum, les dettes explosent, mais au moins notre orgueil est sauf !

Notre orgueil a besoin d'être gonflé. Il faut prouver à tout prix qu'on est quelqu'un, et je peux vous assurer qu'il existe mille et une façons de le faire : on laisse des pourboires exagérés ; on boit en dépassant les bornes, on prend de la drogue parce qu'un ami nous a mis au défi, même si on déteste ça ; on conduit trop vite, on prend des risques épouvantables pour prouver qu'on n'a pas peur ; on fait des gestes complètement insensés qui mettent notre vie et celle des autres en danger, comme essayer de rester debout sur le toit d'une voiture ou d'un train en mouvement, ou encore faire déraper une auto sur trois cent soixante degrés. Qu'importe le geste, aussi stupide soit-il, on prouve qu'on est quelqu'un ! Mais lorsque vos amis sont décédés dans votre voiture ou qu'ils sont handicapés pour le restant de leurs jours, est-ce que vous vous dites que le désir de prouver que vous étiez quelqu'un en valait le coup ? Non, sûrement pas.

L'orgueil est souvent plus fort que tout. C'est dommage de briser sa vie parce qu'on n'est jamais capable d'être soi-même. Si quelqu'un nous blesse, par orgueil nous le blessons à notre tour. Si nous n'arrivons pas à être le meilleur, nous écrasons l'autre parce que nous n'aimons pas être deuxième. Nous n'acceptons pas d'être humiliés, alors nous humilions les autres. Nous ne voulons pas qu'on nous voie tels que nous sommes, alors nous portons des masques. Par orgueil !

Nous refusons d'exprimer nos besoins. C'est pour cette raison que nous sommes souvent déçus des personnes qui nous entourent, car elles ne répondent pas à nos attentes. Nous avons tous des besoins et nous attendons tous quelque chose des autres, mais nous jouons à la devinette : « Il me connaît, pourquoi est-ce que je le lui dirais ? »

C'est pour cette raison que nos déceptions et nos frustrations sont tellement grandes. Nous avons tous besoin d'affection, d'être aimés, compris, acceptés, reconnus, appuyés, rassurés et félicités. Nous nous attendons à ce que ces besoins soient comblés par notre père, notre mère, nos enfants, nos amis, notre partenaire, notre conjoint, notre patron ou nos compagnons de travail. Or, pour que nos attentes soient remplies, il faut apprendre à traverser la barrière de notre orgueil et commencer à exprimer nos besoins.

Si vous avez besoin d'être embrassé, cajolé, demandez-le, exprimez vos besoins. Dites à votre conjoint : « J'aimerais que tu m'embrasses plus souvent. J'ai besoin que tu me serres dans tes bras, de me sentir aimé sans qu'on soit obligé de faire l'amour chaque fois. »

N'ayez pas peur de demander de l'aide. Mettez votre orgueil de côté, exprimez-vous clairement. Sinon, on jouera à la devinette et vous serez frustré et déçu. Nos besoins changent avec les années ; à 20, 40 ou 60 ans, nous avons des besoins très spécifiques. Alors, si vous voulez vous faire comprendre par votre entourage, il faut exprimer ce que vous désirez. C'est seulement à ce moment qu'on pourra combler vos attentes. Le succès, le bien-être, la satisfaction, la compréhension, l'harmonie et le réconfort passent par un sentiment comblé ; n'hésitez donc pas à demander. Faites confiance aux gens qui vous entourent et qui vous aiment.

Pour avoir une belle vie de couple, il faut connaître l'autre, et ce n'est pas en devinant ses besoins qu'on va y arriver. Souvent, l'orgueil nous empêche de nous dévoiler ; nous préférons cacher notre vraie personnalité et vivre dans le mensonge plutôt que d'avouer que certaines choses nous déplaisent au plus haut point. De peur de perdre l'être aimé, nous acceptons souvent des situations que nous préférerions ne pas vivre ou qui ne correspondent pas à nos valeurs. On ne sait pas comment s'y prendre, alors on vit avec des regrets et des frustrations. On recommence sa vie avec quelqu'un d'autre, on refait les mêmes erreurs. Souvent, la vie est pire qu'avant parce que l'enfant n'accepte pas le nouveau partenaire, de peur de se faire enlever l'amour que le parent a pour lui. Il ne veut pas partager cet amour, il craint de perdre quelque chose de grand. Or, si on n'a pas appris comment s'exprimer, comment va-t-on faire comprendre à ses enfants qu'il n'y a aucune raison de s'inquiéter ?

J'ai trouvé une façon simple d'expliquer à un père ce qu'il pouvait dire à son enfant pour le rassurer. Si elle vous convient, essayez-la. Dessinez un cœur sur une feuille ou un tableau. Ensuite, tracez une ligne à la verticale pour séparer le cœur en deux. D'un côté, écrivez le mot « père » et de l'autre « homme », ainsi que le mot « amour » au-dessus du cœur. Expliquez à votre enfant que chaque être humain a besoin que son cœur soit rempli d'amour. Le côté « père » est rempli par l'amour que l'enfant lui donne ; personne d'autre ne peut pénétrer dans cette moitié du cœur. Quant au côté « homme », il est comblé par l'amour que lui donne une femme ; seule cette personne peut pénétrer dans cette partie. Puis dites à votre enfant : « Je peux t'affirmer que la partie de mon cœur qui t'aime et qui t'appartient est totalement remplie par le merveilleux et grand amour que j'ai pour toi. » Si vous avez plusieurs enfants, ou encore si vous êtes une mère, c'est le même procédé, rien ne change. Vous pouvez même y recourir avec un nouveau partenaire qui croit que vous donnez trop d'amour à vos enfants. Une image vaut mille mots.

Si vous désirez connaître une vie amoureuse harmonieuse, sachez qu'un couple est une association entre deux personnes qui vont main dans la main dans la même direction, avec les mêmes objectifs de vie. Je ne parle pas ici de carrière ou de travail, je parle de vouloir le même résultat : être heureux ensemble. Vous connaissez tous cette phrase qu'on entend dans des films comme *Roméo et Juliette* : « Ils vécurent heureux pour toujours. » Mais la réalité est souvent très différente. Lorsqu'on aime, ce n'est pas nécessairement pour toujours, ni exactement de la même manière chaque fois ; on peut aimer à plusieurs reprises dans une vie, mais ce ne sera jamais le même amour. Comme moi, vous connaissez sûrement des personnes qui ont été capables de dire une fois dans leur vie : « J'aime cette personne comme je n'ai jamais aimé dans ma vie. Je ne savais pas qu'un si grand amour pouvait exister. »

Bienheureux ces gens ! J'en sais quelque chose : j'aime ma femme Nicole depuis 1973, et l'amour que nous avons l'un pour l'autre ne s'est jamais flétri. Nous avions quelque chose en commun : le désir d'être heureux ensemble. Nous avons bâti notre amour comme on construit une maison : pièce par pièce, pierre par pierre, sur des fondations très solides.

Il faut beaucoup plus que de l'amour pour vivre à deux. Apprendre à vivre avec quelqu'un et l'aimer exige la connaissance de l'autre. Combien de fois ai-je entendu des hommes et des femmes me dire : « Je n'ai plus rien à donner, je suis vidé, je me sens usé. » C'est triste parce que l'amour, c'est remplir le cœur, et non le vider. On m'a aussi répété ceci tant de fois : « Toutes ces années passées ensemble ne nous ont conduits nulle part. J'ai tout essayé, mais rien ne change, c'est toujours pareil. »

Peut-être vous demandez-vous : « Je reste ou je pars ? Est-ce qu'il demeure encore quelque chose à essayer ? Est-ce que j'ai encore envie de faire des efforts ? J'ai l'impression de perdre les plus belles années de ma vie avec lui. » Si c'est le cas, posez-vous cette question vitale : « Est-ce que je l'aime encore ? » Deux autres interrogations sont importantes : « Est-ce qu'il va changer ? Est-ce que je suis encore capable de le supporter ? »

Les réponses des couples, on le sait, sont souvent négatives. L'erreur, c'est de ne pas se connaître assez. On vit à côté d'une personne pendant des années et l'on ne sait pas qui elle est vraiment. Un jour, la réalité nous rattrape; tout à coup, on s'aperçoit qu'on partage l'existence d'un parfait étranger, que l'on n'a plus aucun point en commun. Il ne faut pas oublier que lorsque vous vous êtes rencontrés, vous étiez des inconnus l'un pour l'autre, éduqués de façon différente, avec un passé souvent très différent. Et un jour, vous avez décidé ensemble d'unir vos vies; vous étiez amoureux, cela vous a suffi.

Si vous voulez demeurer amoureux longtemps (je dis bien «voulez» parce qu'aimer est une décision consciente), mon premier conseil est celui-ci: parlez-vous sans vous engueuler, apprenez à vous connaître jusqu'au fond de votre âme et respectez l'autre comme vous aimeriez qu'on vous respecte. Vous êtes peut-être deux étrangers qui pensent trop se connaître, mais qui, en réalité, n'ont jamais pris le temps de le faire suffisamment.

Je crois vraiment que découvrir l'amour est ce que chaque être humain désire le plus au monde. En même temps, chacun veut se sentir considéré comme une personne de valeur. Pour ce faire, il faut aller à la rencontre de l'autre, accepter ses différences, ses imperfections, son éducation et son enfance; apprendre à connaître ses besoins, ses goûts, ses états d'âme, ses forces et ses faiblesses, ce qu'il aime ou n'aime pas, ce qui le frustre; découvrir ses peurs et ses angoisses, comprendre son insécurité.

Il faut être capable de parler sans nous sentir jugés ou en compétition, sans ressentir que l'autre va profiter de nos faiblesses pour nous exploiter, ou les utiliser contre nous. Il faut se faire confiance mutuellement, laisser tomber ses tabous, trouver la beauté dans le corps de l'autre, se laisser apprivoiser sans complexe.

Mais faites attention, mes amis! On ne s'unit pas à une autre personne seulement pour son corps, car on a vite fait de le découvrir et d'en désirer un autre. L'amour, c'est plus que deux êtres qui s'unissent dans un lit pour faire l'amour. Aimer, c'est se donner entièrement à l'autre; je ne parle pas de perdre son identité, mais d'offrir ce que l'on a de meilleur pour rendre l'autre heureux et en même temps l'être soi-même. Aimer, c'est se rejoindre jusqu'au fond de l'âme, mettre en commun ses idées, ses impressions, ses hésitations, ses regrets, ses projets, ses rêves, ses joies et même ses moments de découragement, et surtout tout son amour. L'amour doit construire, jamais détruire. Il faut se dépasser, rire ensemble, faire des activités qui nous rapprochent. Préparez au moins une fois par mois, loin de toutes vos habitudes, une journée d'amour ensemble. Et chaque semaine, faites travailler votre imagination pour trouver un petit quelque chose de différent qui apportera du renouveau dans votre couple.

Pour être heureux, il faut sortir de sa torpeur, prendre la vie du bon côté, ne pas avoir peur des changements ni de l'engagement. Trop de couples vivent avec leurs valises sur le bord de la porte : « Si ça ne fonctionne plus entre nous, j'aurai juste à ouvrir la porte et à partir. » Malheureusement, c'est ce qui arrive trop souvent. Vivre à deux est un engagement, une responsabilité que l'on se doit de respecter.

Je vous souhaite une belle vie remplie d'amour et d'harmonie !

En terminant, voici un exercice qui vous fera vraiment comprendre à quel point vous devez faire des efforts pour connaître la personne avec qui vous partagez votre vie. À l'écart de l'autre, remplissez la partie « À la découverte de l'intérieur de mon conjoint », en cochant parmi les choix offerts celui qui lui correspond le mieux, selon vous. Pour sa part, votre partenaire répond à la partie « À la découverte de mon intérieur ». Ensuite, installez-vous confortablement pour comparer vos réponses. Si vous avez presque toujours les mêmes, bravo ! vous vous connaissez vraiment. Mais si c'est le contraire, vous devez prendre conscience que vous manquez peut-être de communication.

Alors, amusez-vous !

À la découverte de l'intérieur de mon conjoint

Son instrument de musique préféré :

☐ L'orgue   ☐ La guitare

☐ Le piano   ☐ La harpe

☐ La trompette   ☐ La flûte

☐ Le violon   ☐ Autre : _____

Son chanteur (ou sa chanteuse) préféré :

_____

Ses lectures préférées :

☐ La poésie

☐ Les romans d'amour

☐ Les biographies

☐ Les livres de psychologie

☐ Autre : _____

Son genre de films préféré :

☐ Violence   ☐ Musical

☐ Action   ☐ Pornographie

☐ Amour   ☐ Espionnage

☐ Horreur   ☐ Autre : _____

Son type de tableau préféré :

☐ Moderne   ☐ Un nu

☐ Un lac avec des arbres   ☐ Un coucher de soleil

☐ Un paysage d'été   ☐ Une nature morte

☐ Un paysage d'automne   ☐ Des maisons (une ville)

☐ Un paysage d'hiver   ☐ Autre : _____

Son parfum préféré :

_____

Sa couleur préférée :

☐ Rouge ☐ Rose

☐ Vert ☐ Blanc

☐ Jaune ☐ Lilas

☐ Orange ☐ Beige

☐ Bleu ☐ Noir

☐ Brun ☐ Autre : _____

Sa forme d'art préférée :

☐ La danse classique (ballet)

☐ L'opéra

☐ Le théâtre

☐ Les concerts

☐ Autre : _____

Son restaurant préféré :

_____

Son repas préféré :

☐ Les fruits de mer ☐ Le foie

☐ Le roast-beef ☐ La salade

☐ Le steak ☐ Le poulet

☐ L'agneau ☐ Les mets chinois

☐ Le veau ☐ Autre : _____

Son vin préféré :

☐ Le blanc   ☐ Le rosé

☐ Le rouge   ☐ Le champagne

☐ Le mousseux   ☐ Autre : _____

Son coin de vacances préféré :

_____

La chanson souvenir de notre couple (celle qui nous fait vibrer ensemble) :

_____

Un signe particulier chez mon conjoint :

_____

_____

_____

À la découverte de mon intérieur

Mon instrument de musique préféré :

☐ L'orgue   ☐ La guitare

☐ Le piano   ☐ La harpe

☐ La trompette   ☐ La flûte

☐ Le violon   ☐ Autre : _____

Mon chanteur (ou sa chanteuse) préféré :

_____

Mes lectures préférées :

☐ La poésie

☐ Les romans d'amour

☐ Les biographies

☐ Les livres de psychologie

☐ Autre : _____

Mon genre de films préféré :

☐ Violence   ☐ Musical

☐ Action   ☐ Pornographie

☐ Amour   ☐ Espionnage

☐ Horreur   ☐ Autre : _____

Mon type de tableau préféré :

☐ Moderne   ☐ Un nu

☐ Un lac avec des arbres ☐ Un coucher de soleil

☐ Un paysage d'été   ☐ Une nature morte

☐ Un paysage d'automne ☐ Des maisons (une ville)

☐ Un paysage d'hiver   ☐ Autre : _____

Mon parfum préféré :

_____

Ma couleur préférée :

☐ Rouge   ☐ Rose

☐ Vert   ☐ Blanc

☐ Jaune   ☐ Lilas

☐ Orange   ☐ Beige

☐ Bleu   ☐ Noir

☐ Brun   ☐ Autre : _____

Ma forme d'art préférée :

☐ La danse classique (ballet)

☐ L'opéra

☐ Le théâtre

☐ Les concerts

☐ Autre : _____

Mon restaurant préféré :

_____

Mon repas préféré :

☐ Les fruits de mer   ☐ Le foie

☐ Le roast-beef   ☐ La salade

☐ Le steak   ☐ Le poulet

☐ L'agneau   ☐ Les mets chinois

☐ Le veau   ☐ Autre : _____

Mon vin préféré :

☐ Le blanc   ☐ Le rosé

☐ Le rouge   ☐ Le champagne

☐ Le mousseux   ☐ Autre : _____

Mon coin de vacances préféré :

_____

La chanson souvenir de notre couple (celle qui nous fait vibrer ensemble) :

_____

Un signe particulier chez moi :

_____

_____

_____

EXERCICE

• Quels sont vos objectifs à atteindre cette semaine?

Je vous présente

ma

CONFÉRENCE

LE DÉCLENCHEUR
des influences

NEUVIÈME CONFÉRENCE :
LES DÉCLENCHEURS
D'INFLUENCES

Pour élever un enfant dans le droit chemin, il est
bon d'y marcher de temps en temps soi-même.

Anonyme

Nous ressentons souvent de l'incompréhension par rapport à notre vie et nous nous demandons pourquoi nous affrontons des situations aussi difficiles à gérer. Notre existence ressemble souvent au *Jour de la marmotte* : un éternel recommencement. On a souvent l'impression qu'on ne s'en sortira jamais.

Malheureusement, on ne vient pas au monde avec le mode d'emploi. Chaque personne doit assumer la responsabilité de sa vie ; pour y arriver, il y a des solutions. Il faut avoir du courage pour décider de changer les choses, le changement fait peur : c'est l'inconnu. Souvent, on préfère rester comme on est, car c'est plus facile, même si on n'est pas heureux. Mais moi, mes amis, je vous dis ceci : pour arriver au bonheur, pour avoir une meilleure qualité de vie, il faut cesser d'avoir peur, car ce sentiment paralyse les actions. Pour y arriver, on doit se servir d'une grande force qui se trouve à l'intérieur de soi, et il ne faut jamais baisser les bras.

Inconsciemment, nous avons donné le pouvoir aux autres de déclencher toutes sortes de sentiments et d'émotions chez nous, allant jusqu'à démolir notre vie. Je vous donne un exemple. Tu te lèves le matin. Il fait très beau, une journée fantastique s'annonce. Tu te sens merveilleusement bien. Tu quittes la maison pour te rendre à ton travail, mais sur la route un accident congestionne la circulation. Évidemment, tu arrives avec quinze minutes de retard. Ton employeur te regarde avec des yeux qui en disent long et, tout en regardant sa montre, te dit devant tout le monde d'une voix à faire frissonner : « Tu as un quart d'heure de retard ! J'espère que c'est la dernière fois… »

Ton supérieur vient de t'humilier devant tous tes collègues. Il t'a traité comme si tu étais un enfant. Il vient de déclencher en toi quelque chose de très négatif. Tu te rends à ton bureau et tu dis à tes compagnons de travail : « Pour qui se prend-il ? Avez-vous vu de quelle façon il m'a traité ? » Tu n'en reviens pas, tu es frustré ; au dîner, tu en parles à tout le monde. Toute la journée, tu traînes cette frustration et cette déception. Tu arrives à la maison et tu continues de ressasser cette histoire. Comment se fait-il que le matin, au réveil, tu étais en parfaite harmonie avec la vie et qu'à la fin de la journée tu te sentes aussi démoli et frustré ? Pourquoi ? Parce que tu as donné à ton patron le pouvoir de faire naître chez toi de la colère, de l'agressivité et un sentiment de culpabilité.

Malheureusement, nous donnons souvent aux autres le pouvoir de faire naître toutes sortes d'émotions négatives à l'intérieur de nous. Heureusement, des personnes déclenchent également en nous des sentiments de bien-être, d'amour, de compréhension, de paix et de sérénité.

Maintenant, comment faire pour se protéger, pour ne pas perdre son pouvoir, pour empêcher les autres d'influencer sa vie d'une façon négative ? Pour réussir à comprendre ce que je vais vous dire, il va falloir vous servir de vos cinq sens et de votre imagination.

Chaque personne est unique et exceptionnelle, car nous avons tous reçu, individuellement, un bagage extraordinaire. Nous sommes capables de penser et d'agir, et chacun possède un cœur qui bat. Avez-vous déjà pensé à ça, mes amis ?

Dans notre cerveau, des milliards de cellules fonctionnent. Du sang circule dans nos veines, nos reins filtrent notre sang, notre foie sécrète de la bile. Un grand nombre d'organes font leur travail pour nous maintenir dans le meilleur état possible.

Mais dites-moi, mes amis, ces organes qui fonctionnent sont-ils le résultat d'une décision consciente de notre part ? Est-ce notre conscience qui le décide ? C'est ce qu'on va voir ensemble.

Lorsque vous vous coupez à la main, toute cette machinerie intérieure se met immédiatement en marche pour refermer la plaie et recréer de la peau. Vous n'avez pas à dire : «Stop ! La peau s'est suffisamment développée.» Vous n'avez pas peur qu'elle se répande jusque par terre ! Comment se fait-il que tout se répare tout seul ? Est-ce nous, consciemment, qui dictons nos consignes à notre machine intérieure ? Non, bien sûr ! Alors, si vous êtes d'accord avec moi, vous allez me dire que c'est la nature, que ça marche tout seul.

Est-ce l'inconscient qui serait le maître de notre vie organique ? On pourrait se poser la question. «Moi, si mon cœur bat, c'est que je le veux.» Quelqu'un peut-il affirmer cela ? Non, je ne le pense pas. Alors, pouvons-nous influencer ce qui dirige notre organisme ?

Je ne sais pas si vous aimez les fruits. Moi, je les adore, surtout le citron. Lorsque je vais au marché, j'en achète toujours une douzaine. Je les choisis toujours gros, d'un beau jaune, et surtout je m'assure qu'ils sont très juteux en les pressant légèrement dans mes mains. J'ai toujours hâte d'arriver à la maison pour les déguster. Je choisis le plus gros, puis je le coupe en deux. Alors, je mords dedans à pleines dents. J'ai toujours un petit frisson à ce moment. J'ai du jus partout sur le menton et sur les doigts. C'est là que mes papilles se réveillent, car je sens le liquide couler dans ma gorge, et je me régale !

Pendant ma description, vous avez peut-être eu un peu plus de salive dans votre bouche parce que vous vous êtes servi de votre imagination. Vous avez influencé inconsciemment votre organisme pour qu'il déclenche cette réaction. Quand bien même vous diriez consciemment : «Je veux de la salive», votre bouche demeurerait relativement sèche.

Qu'arrive-t-il lorsqu'on entre dans une pâtisserie et qu'on voit des mille-feuilles, des éclairs au chocolat, des croissants, du bon pain chaud et que l'odeur qui se dégage du four est à tomber par terre? On se dit: «Hum! J'en ai l'eau à la bouche.» On a seulement senti, regardé, puis on a influencé notre système organique. Qu'est-ce qu'on fait alors? On achète. Eh oui, l'influence est trop forte, on ne peut pas résister!

Depuis longtemps, les gens du marketing ont compris ce principe, et ils l'appliquent à merveille. Toutes les publicités que l'on voit à la télévision finissent par nous influencer. C'est pourquoi on achète un produit plutôt qu'un autre. C'est ça, le pouvoir des influences.

Voici un exemple. Si vous voulez vendre votre maison, c'est bien simple: lors de la visite d'un acheteur potentiel, faites cuire une tarte aux pommes ou chauffer du pain ou des croissants. L'odeur qui se dégagera de votre cuisine aidera le visiteur à se sentir bien chez vous. Il aura le goût d'y vivre, il se sera animé d'une belle énergie. Essayez, vous verrez. Il n'y a rien de mal à souhaiter que les prochains résidents de votre demeure se sentent déjà chez eux.

Une bonne odeur influence toujours notre organisme de façon positive. En fait, toutes les influences inconscientes nous font réagir. Par exemple, il est très difficile de ne pas bâiller en face d'une personne qui ne cesse de le faire. Si on regarde à la télévision un documentaire qui parle de poux et de punaises, qu'on nous montre ces affreuses bibittes et qu'on nous explique qu'elles se nourrissent de notre sang et qu'elles nous irritent le cuir chevelu, alors on se gratte à n'en plus finir. Et si, en plus, on voit la tête d'un enfant couverte de poux qui se promènent, quelle horreur! On ne peut faire autrement que de se gratter. C'est la même chose pour les punaises de lit. On nous les montre se déplaçant, envahissant les matelas et les recoins de la maison, et tout à coup on réagit. On a un haut-le-cœur et souvent on change de station de télé; ces images déclenchent en nous du dégoût.

Maintenant, qu'arrive-t-il lorsque nous nous faisons dire par nos parents, nos éducateurs ou nos professeurs: «Espèce de sans dessein, de niaiseux, de cabochon! Tu ne feras jamais rien de bien dans la vie!» Se déclenche alors une espèce d'échange chimique à l'intérieur de nous.

Exactement comme dans les exemples que je viens de vous donner. Si les insectes parasites engendrent du dégoût, imaginez lorsqu'on entend des paroles aussi violentes et négatives. Tous ces mots entraînent un manque d'estime de soi, et ce sentiment paralyse souvent nos actions. Si un parent traite son enfant de la sorte, ce dernier finira par croire que c'est vrai, et toute sa vie sera influencée d'une façon négative.

Faites attention aux paroles que vous dites à vos enfants, mes amis. Je sais que tout ça se fait inconsciemment, mais justement : il faut prendre conscience du mal que vous faites et changer les comportements qui engendrent souvent un mal de vivre chez vos petits. Un enfant qui ne se croit pas aimé de ses parents pense qu'il n'est pas aimable et qu'il ne mérite aucun amour. Souvent, il grandit avec ces paroles cruelles qui ont influencé ses comportements et il devient profondément vulnérable et amer. Il se sent généralement rejeté et mal aimé. Alors, nous devons changer nos influences négatives.

Maintenant, regardons dans quel monde nous vivons. Que font les gens le matin, au réveil ? Ils lisent le journal ou bien se dépêchent d'ouvrir le téléviseur ou Internet. Et qu'est-ce qu'ils voient ? Tout ce qui va mal. On est tout juste réveillé, on n'a pas encore pris un verre de jus qu'on entend ou qu'on lit :

- *Un père de famille tue sa femme et ses quatre enfants.*
- *Un pédophile a violé trois jeunes enfants.*
- *Une mère a secoué son bébé. Il vivra dans un état végétatif pour le restant de ses jours.*
- *Un jeune kamikaze s'est suicidé avec des tonnes d'explosifs et a tué avec lui 150 personnes.*
- *Un jeune homme de 17 ans est entré dans une école et a tiré sur des élèves et des professeurs avant de s'enlever la vie.*
- *Trois personnes sont mortes d'une façon violente. Leur véhicule a percuté un poteau à une vitesse excessive. On croit que le conducteur était en état d'ébriété.*

Et la journée vient à peine de commencer ! Que pensez-vous que ça déclenche à l'intérieur de chacun de nous ? Certainement pas la paix ou la sérénité! Écoutez parler autour de vous. Certains vont vous dire que les gens sont méchants, que les jeunes sont inconscients, que ça va mal sur la terre. D'autres affirmeront qu'ils ont peur de sortir le soir, qu'on peut se faire attaquer et voler. Avez-vous remarqué, mes amis, que le moral de la population baisse d'année en année?

Il y a plus que jamais des personnes dépressives, suicidaires ou qui ressentent un mal de vivre. Il ne faut pas être surpris: on ne voit que de la violence et des meurtres, et tout cela sans sortir de la maison. C'est grave, mes amis, car on fait entrer de la violence en direct dans nos vies privée et familiale. Nos enfants sont nés dans ce monde du direct. Pendant que toutes sortes de technologies nous envahissent, nous leur donnons le pouvoir d'influencer notre vie et de déclencher des états négatifs.

On n'a jamais vu autant de jeunes – je dirais même des enfants – se promener avec des couteaux, se battre et poignarder d'autres jeunes. Il y a des policiers dans plusieurs écoles, car les élèves volent dans les casiers des manteaux de cuir, des souliers de course, des iPhone et des iPod. Dans certaines institutions, on joue dur. Et tout ça semble normal. Non, mes amis, ce n'est pas normal! Combien de jeunes se sont suicidés à la suite de harcèlement ininterrompu. Des élèves se sont acharnés sur eux jusqu'à la mort.

L'école devrait être un lieu d'éducation et d'apprentissage pour faire de nous de meilleurs êtres humains. Elle est censée favoriser l'autonomie chez nos jeunes et leur apprendre à devenir de meilleurs gestionnaires de leur propre vie. Être assis sur les bancs d'école devrait représenter les plus beaux moments de notre existence. On serait censé y être en paix, avoir des amis, partager, s'entraider et développer des relations humaines. On devrait y apprendre à vivre avec des personnes différentes et à les accepter, à réaliser des projets et à se réaliser comme individu.

Si ce n'est pas ça, l'école, alors je suis désolé, mais il y a quelque chose qui ne va pas dans notre société. Comme certains parents, je suis surpris et dépassé par cette violence gratuite, ce mépris de l'autorité. Les professeurs sont à bout, certains souffrent d'épuisement professionnel, même à la maternelle ou en première année! C'est assez inquiétant de voir des comportements destructeurs chez les enfants en bas âge. Quel avenir auront-ils ?

Je peux vous dire, mes amis, qu'il faut porter une attention particulière à nos comportements, parce que nos jeunes sont influencés par ce qu'ils voient et vivent. Les pensées que nous entretenons à propos de notre vie sont d'importants déclencheurs d'influences. Combien de personnes s'imaginent qu'elles vont mourir, comme leur père, d'un cancer ou d'une crise cardiaque, ou bien d'un cancer du sein comme leur mère ? On l'a vu, si je vous parle de poux et de punaises, je suis certain que je vais vous influencer et que vous allez vous gratter. Alors, imaginez ce que nous pouvons déclencher en nous lorsque nous pensons cancer et maladie. Certainement pas la santé et le bien-être !

Vous connaissez sûrement des gens qui souffrent d'une petite bronchite chaque année, en décembre. D'ailleurs, ils le disent à tout le monde : « Décembre arrive… je vais sûrement avoir une bronchite. » De plus, les médias nous préparent longtemps d'avance en nous avertissant des grippes et des virus qui s'en viennent. Les grands marchands de ce monde, ceux qui vendent des vaccins et des produits pharmaceutiques, savent très bien comment nous influencer. Ils entreprennent un travail très minutieux, et surtout, croyez-moi, très lucratif.

Nous devenons esclaves des pouvoirs qui influencent toute notre vie. Pourquoi y a-t-il tant de bestialité dans la sexualité ? La pornographie est entrée dans nos maisons, dans notre salon, dans la chambre à coucher de nos jeunes. Internet a ouvert les portes de nos demeures aux prédateurs sexuels. Si un citron déclenche la production de salive, ce qui se manifeste à l'intérieur de nous lorsqu'on regarde des films pornographiques, c'est le goût du sexe, et souvent le dégoût. Les prédateurs, qui sont maîtres en la matière, sont capables d'influencer nos enfants puis de les pousser à cacher à leurs parents leurs conversations empreintes de saleté suggestive ; et ils leur font croire que tout ça est normal. Eh bien, non, ce n'est pas normal, mes amis !

D'ailleurs, soyez vigilants, chers parents : vous seriez très surpris de savoir ce qui se passe derrière les portes closes des chambres de vos enfants. Beaucoup de jeunes apprennent à fabriquer des bombes sur

Internet, sous l'influence de gens qui se font passer pour des héros. Nos enfants veulent les imiter, leur ressembler. Ces personnes d'influence sont devenues à leurs yeux des idoles et des guides.

Tout ce que nous voyons et entendons, tout ce que nous vivons, tout ce que nous entretenons dans nos pensées influence notre vie. Et, croyez-moi, il y a des experts en la matière. Ils savent très bien comment faire aboutir en chacun de nous les résultats qu'ils désirent obtenir. Ces gens connaissent parfaitement l'être humain et savent par quel chemin passer pour influencer nos actions.

Voici un exemple simple. Imaginez-vous assis dans votre salon. Vous êtes seul, en paix. Vous décidez de laisser votre livre de lecture pour regarder le film d'horreur qui commence. Dès le début, on voit une femme se faire couper la tête. Le sang gicle partout, la musique est de plus en plus forte et surtout très effrayante. Soudain apparaît un homme avec un grand couteau. Sur la pointe des pieds, il s'approche lentement d'une femme qui est en train de prendre son bain. Comme il s'apprête à lui trancher la gorge, elle pousse un cri de terreur. Au même moment, vlan ! le vent fait claquer la porte de votre cuisine. Vous lâchez un cri, vous devenez tout crispé, parcouru de frissons. Votre cœur bat très vite. Vous avez peur et n'osez pas vous lever. Votre corps est dans un état de stress épouvantable. Quelle horreur ! Pourtant, quelques minutes auparavant, vous étiez en paix. Alors, rappelez-vous, mes amis : ce que l'on voit, ce que l'on regarde a toujours une très grande influence sur nous. Souvent, ce sont des déclencheurs d'émotions négatives.

Souvenez-vous du film *Le silence des agneaux*, qui a remporté plusieurs Oscars. Tout le monde en parlait : « Va voir ce film, il est très bon ! » J'y suis allé. C'est l'histoire d'un psychopathe, un malade, un maniaque, qui arrache la langue des gens et la fait cuire. Il extrait même le cœur d'un être humain encore vivant, lui coupe les parties génitales en petits morceaux et mange le tout. Quel film épanouissant qui donne envie d'être un meilleur être humain ! Quelle belle leçon de vie ! Qu'en pensez-vous ? Eh bien, en ce qui me concerne, j'ai trouvé ce film bestial et dégoûtant. Je suis sorti du cinéma avec une envie de vomir. Moi qui devais aller prendre un bon souper avec ma conjointe après la représentation, je m'en suis passé ; nous avons décidé de rentrer directement à la maison. Ce film a fait naître en nous un mal-être. Je suis toujours dépassé de constater que certaines personnes vont régulièrement voir ce genre de production. Soyez assurés, mes amis, que ce n'est pas la paix et la sérénité que ce type de film suscite à l'intérieur de vous.

Lorsqu'on regarde un beau film d'amour, on est en harmonie. Souvent, on a de petites larmes qui coulent parce que c'est touchant et beau. On pense à l'amour et à la beauté, et non à la violence et à la peur. Alors, tout ce qui nous entoure nous influence d'une façon négative ou positive.

La preuve : fréquentez des personnes qui prennent de la drogue. Elles vont finir par vous influencer en vous faisant croire que ce n'est pas dangereux et que vous n'y deviendrez pas accro juste en l'essayant. Et un beau jour, vous êtes dépendant parce que vous vous êtes laissé influencer. Vous avez eu peur de dire non. Vous ne vous êtes pas affirmé et les autres vous ont convaincu ; ils ont déclenché en vous le goût de la drogue. Vous avez laissé ces personnes avoir du pouvoir sur vous.

Côtoyez des gens qui consomment de l'alcool et un jour vous allez finir par en prendre ; des gens violents et vous allez finir par le devenir ; des gens qui critiquent et qui démolissent les autres et vous allez finir par le faire aussi ; des gens qui « sniffent » ou qui se piquent et vous allez finir comme eux.

Alors, mes amis, prenez possession de votre existence et sachez vivre selon vos valeurs personnelles. Ayez le courage de dire non aux influences négatives. Soyez les maîtres de votre vie. Devenez assez forts pour vous affirmer. Ne laissez personne vous influencer au point de vous détruire.

Si vous avez des amis qui vivent dans la déchéance, la drogue, le vol et la violence, fuyez ! Regardez leur façon de vivre. Est-ce que ce sont des modèles ? Des héros ? Ou bien des êtres meurtris, dépendants, tristes, aigris et malheureux qui finissent souvent dans la rue, ne sachant jamais où ils seront demain ?

Que se passe-t-il lorsqu'on se laisse influencer ? On laisse naître en soi le goût de la drogue, du jeu, de l'alcool. On tombe en enfer et les conséquences de ces déclencheurs sont catastrophiques. On devient un être dépendant sans aucun contrôle sur sa vie. Ce sont ces dépendances qui ont pris le contrôle. Alors, on apprend à mentir, à manipuler, à tricher. À cause de ces déclencheurs d'influences, on perd totalement l'estime de soi. Les relations avec les autres deviennent de plus en plus difficiles, et l'on finit par perdre totalement la confiance de ses proches ; ces influences négatives finissent par nous fermer toutes les portes. Les substances que l'on prend nous font vivre dans un monde imaginaire qui nous enlève tout sens de la réalité. Attention, mes amis ! Le monde des influences est très subtil. Il peut nous détruire ou bien nous construire. Maintenant, comment faire pour se protéger, pour arriver à être bien avec soi-même, avoir une meilleure qualité de vie, arrêter ces déclencheurs qui nuisent à notre vie ?

Lors de notre naissance, alors que nous étions encore tout petits, a été placée à l'intérieur de chacun de nous une grande force qui s'est occupée de faire pousser nos os pour nous amener aux dimensions que nous avons aujourd'hui. Appelez cette force principe vital, nature, force créatrice ou principe divin, peu importe, elle est toujours là. La preuve : si vous vous cassez un bras, vous irez voir un médecin qui replacera vos os. Il vous mettra un plâtre et vous dira de revenir dans un mois. Savez-vous que le médecin n'a pas soudé vos os ensemble ? Ce que je veux dire, c'est que c'est cette grande force intérieure qui l'a fait. Or, cette puissance est toujours là, prête à aider et à réparer au besoin.

Mais lorsque nous pensons échec, défaite, maladie, c'est comme si nous mettions un bâton dans la grande roue de notre vie organique ; nous l'empêchons de faire son travail. C'est pour cette raison que j'aime répéter ceci : n'ayez pas peur, tant que vous aurez vos deux mains, tendez-les aux autres.

Voici une clé maîtresse qui vous aidera à améliorer votre vie : débarrassez-vous de vos pires ennemis que sont la haine, la vengeance et la rancune, de véritables poisons pour l'organisme. Si un citron imaginaire déclenche la production de salive, si une personne qui bâille engendre chez nous un bâillement, imaginez ce que créent en chacun de nous de tels sentiments. Certainement pas un bâillement…

Autre chose nous nuit énormément : notre égoïsme et notre ingratitude. Ce sont nos pires ennemis sur le plan de la santé physique, mentale et spirituelle. Combien de personnes apprécient la vie ? Pas beaucoup. Nous sommes, pour la majorité d'entre nous, une belle bande d'ingrats ! Combien de gens, lorsqu'ils se lèvent le matin, maugréent contre la température, chialent toute la journée et se plaindront encore demain ? Pourtant, personne n'est capable d'exiger un lendemain. Si nous y sommes encore, c'est un cadeau, un privilège. Personne ne peut affirmer : « Moi, je serai là demain. »

Au lieu de bougonner, combien de gens vont dire merci au grand maître de la vie pour ce cadeau que constitue une journée de plus ? On n'est jamais content ! On est souvent fatigué, écœuré, on n'en peut plus. Mais vous savez, mes amis, lorsqu'on critique, c'est comme si on se plaignait de l'emballage d'un cadeau. Pourtant, la majorité d'entre nous se couchera ce soir dans un bon lit et se réveillera demain matin dans une belle maison. On fera sa toilette matinale, on passera à table pour déjeuner, dîner ou souper. On aura de la nourriture à profusion. Est-ce que tous les humains de la terre ont ce même privilège ? Non, mes amis. Si on regarde ce que vit le tiers-monde, là où les enfants n'ont ni nourriture, ni eau, ni place pour dormir, on trouve cela très triste. Ce sont peut-être aussi des gens proches de nous qui sont sans ressources : pas d'argent, pas de nourriture, pas de travail. Est-ce que nous, qui avons le grand privilège de vivre dans l'abondance, pensons à dire merci ? Non. La plupart du temps, on est trop occupé pour apprécier ce que l'on possède. Mais on trouve toujours le temps pour se plaindre, on est rarement content de sa vie, on en veut toujours plus.

Combien de personnes pensent à dire merci à leurs amis ? On dit que les vrais se comptent sur les doigts d'une main. C'est précieux, un ami, il faut en prendre soin. Malheureusement, on est plus souvent enclin à le critiquer qu'à le remercier pour ce magnifique cadeau de l'amitié :

- *Merci, mon ami, pour ton écoute.*
- *Merci pour ces journées de partage.*
- *Merci pour nos belles rencontres.*
- *Merci pour ta grande disponibilité.*
- *Merci de m'accepter comme je suis.*
- *Merci de déclencher en moi le goût de devenir un meilleur être humain.*

- *Merci pour la personne que tu es.*
- *Merci d'être mon ami.*

Si, demain matin, l'un de nous se réveillait aveugle d'un œil, probablement qu'il se jetterait par terre les deux mains vers le ciel en s'écriant : «Qu'est-ce qu'il me veut, lui en haut, toujours sur mon dos?» Mais pendant qu'il possédait ses deux yeux, pensait-il à remercier? Un jour, j'ai lu une pensée extraordinaire : «Je me plaignais de mes souliers délabrés, jusqu'au jour où j'ai rencontré quelqu'un n'ayant pas de pieds.»

Qu'avons-nous fait de spécial pour posséder un corps dont les parties sont en parfaite harmonie? Tout fonctionne : les bras, les jambes, les yeux, les mains. C'est un cadeau qui nous est donné. Alors, pourquoi ne pas commencer nos journées en disant merci? «Merci à la vie qui m'est donnée», au lieu de dire : «Je suis fatigué, je suis écœuré!»

Dites bonjour aux gens qui vous entourent, souhaitez-leur une merveilleuse journée. Et lorsqu'on vous demande comment ça va, répondez : «Merveilleusement bien!» Pourquoi? Parce que cette autre belle journée est un cadeau et que nous sommes incapables de garantir que nous serons là demain.

Nous avons de la difficulté avec notre agressivité, notre jalousie, notre impatience et notre intolérance. Allez faire un tour dans les hôpitaux où il y a des enfants qui ont le corps tout croche, tout tordu. Passez une journée avec eux. Vous y verrez des leçons de courage, car ces petits sont capables de sourire, et tout ce qu'ils veulent, c'est vous dire bonjour. Et nous, qui avons tout, nous avons de la difficulté à sourire et ne disons jamais bonjour à qui que ce soit. Combien de personnes sont capables de remercier le policier qui leur a donné une contravention pour excès de vitesse? On dira plutôt à tout le monde qu'il était chiant parce qu'il nous a arrêtés. Mais une chance qu'il était là : on roulait sûrement trop vite et peut-être qu'on aurait heurté quelqu'un, le tuant ou le rendant handicapé pour le restant de ses jours. Qui sommes-nous pour savoir ce qui est bon pour nous? Alors, merci, monsieur le policier, de prendre soin de moi et des autres.

Souvent, les enfants quittent la maison en ne saluant personne. À six heures le soir, leurs parents les attendent mais ne reçoivent pas d'appel téléphonique. Huit heures, dix heures, minuit… rien, aucune nouvelle ! Les parents sont terriblement anxieux : «Qu'est-il arrivé ? Peut-être un accident… Pourquoi notre enfant ne donne-t-il pas signe de vie ?» Puis, à deux heures du matin, le jeune arrive : «Où étais-tu passé, mon enfant ? Nous étions tellement inquiets pour toi ! Notre imagination n'a pas cessé de fonctionner, on s'est fait du mal toute la soirée.» Et le jeune répond : «Écœurez-moi pas ! J'ai 18 ans et je suis assez grand pour savoir ce que j'ai à faire. Je n'ai pas de comptes à vous rendre.» J'espère que ça ne lui arrivera jamais d'arriver chez lui et qu'il n'y ait personne pour l'attendre…

Combien de jeunes pensent à dire merci à leur mère ?

- *Merci, maman, pour les milliers de lessives.*

- *Merci d'avoir préparé, pendant toutes ces années, des tonnes de repas.*

- *Merci de toutes ces heures à te tenir debout devant une planche à repasser pour que je sois fier de porter mes vêtements.*

- *Merci de m'avoir bercé, bécoté, chouchouté ; de m'avoir aimé, changé de couches lorsque j'étais bébé ; d'avoir pris soin de moi, de m'avoir soigné lorsque j'étais malade, d'avoir passé des nuits blanches à mes côtés.*

- *Merci de t'inquiéter pour moi, de me guider dans le droit chemin, de m'éduquer et, surtout, de tant m'aimer.*

Non, c'est trop difficile. On n'a pas le temps, on est trop occupé. Une chance qu'il y a la fête des Mères. On en profite, on achète une carte en vitesse et un petit bouquet de fleurs au dépanneur, pas trop chers… «Voilà pour toi, maman. Je ne peux pas passer la journée avec toi. J'ai des choses à faire… Tu comprends ça, n'est-ce pas ?» Eh oui, une mère comprend.

Et l'on se demande pourquoi on n'est pas heureux ! Notre égoïsme nous fait souffrir, nous tue à petit feu. Les jeunes, vous n'avez pas d'enfants et vous n'en voulez pas, en tout cas pas tout de suite… et pas plus d'un… et surtout le plus tard possible. Je comprends pourquoi. Et vous, savez-vous pour quelle raison ? Parce que ça prend beaucoup d'amour et de dépassement pour donner la vie.

Savez-vous ce qu'est une maman ? C'est un être exceptionnel qui se bat tout le temps pour le bien-être de ses enfants. Ta mère est chialeuse, elle est toujours fatiguée et te tombe sur les nerfs ? C'est normal, elle n'en peut plus : ça fait cinq, dix, quinze ou vingt ans qu'elle se prive, qu'elle passe son temps à quémander de l'argent à son mari. Elle voudrait bien s'acheter quelque chose, mais sa grande fille a besoin d'une robe. Celle à cent dollars n'est pas assez bien, elle veut l'autre à trois cents… griffée. Alors, maman s'endette et se prive.

Va voir la garde-robe de ta mère et compare-la avec la tienne. Qui a les plus beaux vêtements ? Toi ou elle ? Combien de personnes pensent à dire merci à leur mère ? Une mère donne encore et encore mais ne reçoit jamais d'appréciation. C'est triste, mes amis. Alors, pensons à dire : « Merci, maman. »

Combien de jeunes pensent à dire merci à leur père ?

- *Pour les heures travaillées, pour les années de sacrifices, merci papa.*
- *Pour tout ce que tu as fait pour moi, merci.*
- *Pour toutes ces heures supplémentaires afin de pourvoir à mes besoins, merci.*
- *Pour toutes ces privations que tu t'es imposées afin de me donner à moi et à la famille tout le confort possible, merci.*
- *Pour t'être levé les fins de semaine, souvent à cinq heures du matin, pour me conduire à mes sports, merci.*
- *Pour m'avoir aimé inconditionnellement, merci.*
- *Pour toutes les fois où tu as dû me conduire chez mes amis et venir me chercher très tard dans la nuit, merci.*
- *Pour t'être souvent privé de ton auto parce que j'en avais besoin pour aller au gym avec mes amis, merci.*
- *Pour m'avoir gâté souvent plus que je ne le méritais, merci.*

Un père se prive souvent de faire du sport, car ses enfants ont besoin de patins, de bâtons de hockey, de skis ou de bottines, en plus de payer les cours de natation, de danse, etc. Est-ce qu'on le remercie ? Non, on n'a pas le temps, on est trop occupé. Un père paye sans arrêt pour satisfaire les besoins de sa famille. Un père travaille sans compter pendant des années, sans jamais recevoir un mot de gratitude. Un père pardonne à ses enfants leurs abus des drogues. Un père rembourse les dettes de drogue, de jeu, de cartes de crédit, de cellulaires de ses enfants.

«Pourquoi est-ce que je dirais merci à mon père? Je suis son enfant, il me le doit bien après tout, je n'ai pas demandé à venir au monde!» Quel égoïsme et quelle ingratitude! Heureusement, il y a la fête des Pères qui nous fait penser à acheter une carte. Alors, disons: «Merci, papa, de m'avoir guidé, d'avoir fait de moi la personne que je suis et d'avoir été mon modèle; merci pour ta discipline et surtout pour ton grand amour.»

Ton père n'est pas à ton goût? Il est exigeant envers toi, grognon, chialeur? Il crie souvent et est rarement de bonne humeur? Lorsque tu auras donné tout ce que tu pouvais et qu'il ne te restera jamais rien, et surtout que tu ne te sentiras jamais apprécié, tu comprendras ce que c'est que d'être père de famille.

Peu d'hommes pensent à dire merci à leur conjointe: pour avoir élevé les enfants, pour s'être privée pendant tant d'années, pour avoir supporté les caractères de tous les membres de la famille. Peu de femmes pensent à dire merci à leur conjoint: pour avoir travaillé pendant tant d'années, pour s'être privé tout ce temps, pour tout cet amour inconditionnel.

Comme nous négligeons les marques d'appréciation, mes amis! Nos parents ne sont peut-être pas comme nous le souhaiterions, mais ils nous ont donné ce qu'ils pouvaient. Apprenez à dire merci, et vous allez générer en vous un état de bien-être.

- *Merci à la vie.*
- *Merci pour tout ce qui m'entoure.*
- *Merci pour mes enfants.*
- *Merci pour mon partenaire.*
- *Merci à tous ceux qui ont déclenché en moi le goût de devenir meilleur. Leur façon de vivre et d'agir a peut-être influencé toute ma vie.*
- *Merci à mon père qui était alcoolique. Par son influence négative, j'ai appris à détester l'alcool; il a déclenché en moi le goût de la sobriété.*
- *Merci à mon frère qui s'est toujours drogué. Par son influence négative, j'ai appris à détester la drogue; il a déclenché en moi le goût de ne jamais tomber dans cet enfer.*

- *Merci à ceux qui ont vécu près de moi et qui ont manifesté des attitudes d'abus et de violence. Ces gens ont déclenché en moi le dégoût de ces comportements ; je me suis juré d'être un meilleur être humain et de ne jamais faire subir aux autres ces manières d'être destructrices.*

Dire merci aujourd'hui, c'est s'attirer du meilleur pour demain. J'ai connu une femme qui ne cessait de répéter à son conjoint : « Arrête de boire, sinon je vais m'en aller. » Étant donné que l'homme ne changeait pas son comportement, un beau matin elle est partie avec les enfants. Il s'est retrouvé seul et désespéré. Alors, il a décidé d'aller au merveilleux mouvement des AA et est devenu sobre. C'est peut-être à elle qu'il faut dire merci.

Dites merci à la vie pour vos enfants. Ils sont épuisants et laissent tout traîner ? S'ils sont en santé, dites merci. Combien de parents donneraient leur vie pour avoir des enfants qui ont ces défauts mais qui sont en pleine forme ? Alors, au lieu de critiquer, de chialer et de crier après eux, apprenons à développer l'appréciation. C'est tellement facile de juger les autres : « Mon père est comme ci, ma mère est comme ça, mes enfants sont épouvantables ! » Les gens avec qui vous vivez ont des défauts ? Un grand penseur a dit : « C'est avec les défauts des autres qu'on s'améliore. » Tu as eu un père et une mère exigeants ? Dis-leur merci, car c'est peut-être grâce à eux que tu es devenu un être authentique.

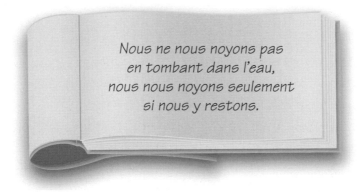

Nous ne nous noyons pas
en tombant dans l'eau,
nous nous noyons seulement
si nous y restons.

EXERCICE

• Quels sont vos objectifs à atteindre cette semaine?

_____

_____

_____

_____

• Qu'est-ce qui déclenche chez vous des comportements négatifs?

_____

_____

_____

_____

> **Il faut développer l'appréciation au lieu de la critique, faire du renforcement positif avec ceux qui vous entourent. La vie est un cadeau : cessez d'en critiquer l'emballage.**

Je vous présente

ma

CONFÉRENCE

LE PARDON

DIXIÈME CONFÉRENCE : LE PARDON

Il est très triste de se rendre compte qu'une personne peut passer sa vie entière sans vraiment connaître la paix du cœur. Ouvrir la porte au pardon sincère implique une ouverture du cœur et de l'esprit. Il n'existe vraiment rien de plus grand au monde que cet acte d'amour.

J'ai écrit cette conférence pour tous les êtres humains qui souffrent d'une grande maladie qui leur gruge l'intérieur comme une bactérie mangeuse de chair, et pour tous ceux qui, un jour, l'attraperont. Elle est tellement puissante et destructrice qu'elle tue toute forme d'espoir en la vie. Ceux qui en sont atteints ne peuvent plus s'en débarrasser. Cette maladie s'accroche à eux et détient le contrôle de leur inconscient. Chaque jour, elle se nourrit et grossit en détruisant tout sur son passage. Certaines personnes l'entretiennent en l'alimentant de venin destructeur.

Cette maladie s'appelle la « rancunite aiguë ». On la garde, on la cajole, on la nourrit, on la fait grossir comme de la pâte contenant du levain. On devient obsédé, on y pense continuellement. On détruit, on démolit, on accuse sans aucun remords, on perd tout sens de la réalité. Cette « rancunite » prend beaucoup de place, puis devient le centre d'intérêt ; et désormais toute notre vie tourne autour de cette étrange maladie. Rien ni personne ne peut nous arrêter, on est prêt à tout. On a perdu ce qu'il y a de plus précieux : l'espoir d'une vie meilleure. Ce venin nous a empoisonné le cœur, l'esprit et l'âme.

Notre obsession maladive et destructrice nous porte souvent à commettre des gestes irréparables. Notre erreur, c'est de ne pas avoir voulu guérir, car il existe un remède merveilleux. Oui, un antidote extraordinaire pourrait enfin nous redonner la vie et détruire à tout jamais les effets de ce poison qui est entré dans notre cœur et qui ronge toute trace de vie en se nourrissant de ce qu'il y a de meilleur en nous, ne laissant que vide et sécheresse, haine et désolation.

Ce remède s'appelle le pardon.

Cette conférence porte en fait sur la libération. Elle est pour ceux et celles qui veulent trouver la clé de la paix intérieure. Vous aurez le privilège de vous débarrasser de quelque chose qui déclenche à l'intérieur de vous un véritable poison pour le corps et le cœur. Tant et aussi longtemps qu'on ne se libère pas de ses pires ennemis que sont la haine, la vengeance et la rancune, il est impossible, mes amis, d'améliorer sa qualité de vie. Si un citron imaginaire génère la production de salive, imaginez ce que la haine peut faire dans notre système nerveux !

Pour les besoins de la cause, si vous le voulez bien, je vais vous demander de visualiser votre vie passée. Nous allons ensemble revenir aussi loin que vous êtes capable de vous souvenir, pour mieux comprendre le présent.

Je ne sais pas si on peut décider de venir au monde ou pas. J'ignore également si on peut choisir sa famille. Mais ce que je sais, c'est que je suis là, et vous aussi. Vous êtes né, comme moi, d'un père et d'une mère. Je ne sais pas si je les ai choisis, pas plus que mes frères et mes sœurs. Une chose est sûre, par contre, c'est que la vie m'a apporté toutes sortes de souffrances et de douleurs intérieures, comme plusieurs d'entre vous. Pour vous faire du bien, nous allons regarder votre vie au complet. Je vais m'adresser personnellement à chacun de vous, comme si j'étais seul en votre compagnie.

Je ne sais pas si tu es le premier enfant de la famille, mais occuper ce rang n'est pas toujours agréable. Pourquoi ? Parce que c'est toujours le plus âgé des enfants qui se fait engueuler pour les autres. Tu étais l'aîné et tu n'avais aucun droit à l'erreur, car il fallait que tu donnes l'exemple. En vieillissant, tu t'es aperçu que les autres ont profité de droits que tu n'avais jamais eus. Pour cette raison, tu as tissé de la rancune envers ta famille et tu en as toujours voulu à tes parents. Tu trouvais ça injuste. Aujourd'hui, tu es un adulte et tu leur en veux encore. Tu leur reproches cette injustice, ça te fait encore souffrir ; et dans ton cœur la rancune s'est installée depuis plusieurs années. Lorsque tu parles de ta jeunesse, ce même sentiment se déclenche à l'intérieur de toi, il revient toujours.

Peut-être que cette autre situation t'est arrivée. Ton père et ta mère étaient sortis et tu gardais les enfants. Alors, le plus jeune s'est fendu le front sur le coin de la table. Lorsque tes parents sont revenus à la maison, ils t'ont traité de tous les noms, sans dessein, cabochon, incapable, et tu as eu droit à une punition. Ta mère criait : « Je t'avais dit de prendre soin de tes frères et sœurs ! Tu ne fais jamais rien de bien ! » Le soir, dans ton lit, tu as pensé : « Comme je la hais ! » Tu ne t'en es pas rendu compte, mais à l'intérieur de toi tu as commencé à déclencher haine, vengeance et rancune.

Peut-être que pour toi c'était le contraire. Le plus vieux avait le droit de sortir tard le soir, mais tu n'avais pas les mêmes privilèges. Tes parents avaient fait des erreurs avec l'aîné en lui accordant trop de latitude. C'était devenu un enfer à la maison : manque de respect, drogue, mensonges… Qui a payé ? Toi. Car tous les privilèges t'ont été retirés. Tes parents t'ont dit : « Avec le plus vieux, on a fait des erreurs ; alors, on va agir différemment avec toi. » Et tu en as beaucoup souffert. Tu haïssais ton frère pour ce qu'il te faisait vivre : « Je te déteste ! Tu es un bon à rien ! Je ne peux jamais sortir, les parents ne me font pas confiance. Et ça, c'est ta faute ! Tu vas me le payer un jour… » La vengeance s'est installée dans ton cœur. Tu es un adulte et tu t'en souviens comme si c'était hier.

Peut-être que pour toi c'est quelque chose de différent. Tes parents ont toujours cité ton frère en exemple : « Tu devrais faire comme ton frère. Lui, il réussit. » Tu sentais une certaine préférence de la part de ton père et tu te disais : « Il aime mieux mon frère… Moi, il me traite de stupide et il me dit souvent que je ne réussirai jamais rien. Que mon frère, au contraire, a un brillant avenir et qu'il est intelligent. »

Je peux vous dire, mes amis, que j'ai vu tellement de gens souffrir à cause de certaines expériences très difficiles qu'ils ont vécues et qui les ont marqués à jamais. Vous savez, se faire dire par son père : « Espèce de sans allure, t'es rien qu'une niaiseuse ! Regarde ta façon de t'habiller… tu cours après le trouble ! » laisse des plaies ouvertes dans le cœur ; ce sont des paroles dures et blessantes. Il est certain que ça ne s'oublie jamais, que ça fait encore mal lorsqu'on y pense.

Regardez ce que nous nous faisons inconsciemment. Notre passé est toujours là, présent. Tout nous le rappelle. Nous souffrons et souvent nous ne comprenons pas pourquoi notre vie est tellement compliquée. Nous voudrions être heureux, mais sans succès.

Maintenant, je vais m'adresser aux femmes et aux jeunes filles. Nous allons faire un voyage ensemble pour essayer de comprendre ce qui s'est passé. Je vais parler à chacune d'entre vous individuellement. Évidemment, je sais que ce ne sont pas toutes les femmes qui ont vécu les expériences que je vais décrire, mais il y en a énormément, si je me fie à mes vingt-cinq ans d'expérience.

Je ne sais pas si tu te rappelles avoir eu un oncle achalant ; il y en a dans plusieurs familles. Tu avais 12 ou 13 ans et ton corps commençait à changer. Il te disait : « Wow ! Quel âge as-tu ? Ne me dis pas que tu as juste 12 ans ! Viens voir mon oncle… assieds-toi sur mes genoux. Je te trouve tellement belle, tu deviens une vraie femme ! Regarde comme tu es bien faite, tu dois commencer à exciter les hommes… Tu dois aimer ça, les agacer ?… »

Vous savez ce que je veux dire. Vous allez peut-être comprendre le moment où vos blocages sexuels ont commencé et pourquoi ça ne fonctionne jamais avec vos partenaires. Imaginez ce qui se déclenche à l'intérieur de soi lorsqu'on se fait dire ou faire certaines choses par des gens en qui l'on a confiance : c'est la déception, la rancune et souvent la haine.

C'est peut-être aussi un voisin, un entraîneur, un professeur ou une personne en qui tu croyais qui a abusé de toi. Et chaque fois que tu fais l'amour, tu revois ces images qui t'ont marquée pour la vie. Peut-être que c'est ton père qui a posé des gestes sexuels. Il a abusé de toi depuis ta tendre enfance. Tu n'as jamais pu le dire à quiconque ; tu souffrais et personne ne voyait ta détresse. Même pas ta mère. Chaque fois qu'il entrait dans ta chambre, tu voulais mourir, tu avais peur de lui. Il disait qu'il t'aimait et que c'était votre merveilleux secret. Tu ne savais plus quoi faire, tu étais carrément sous l'emprise de son pouvoir. Il a développé en toi la haine, la peur, la culpabilité. Il a trahi ta confiance et jamais tu ne lui pardonneras tout le mal qu'il t'a fait. Il s'est passé à l'intérieur de toi des choses dont personne n'est au courant, mais toi, tu le sais ! Et depuis plusieurs années, tu vis de la rage et du dégoût.

Peut-être est-ce autre chose que tu as vécu. C'était ton premier petit ami, ton premier amour. Tu l'aimais, tu vibrais dans ses bras, et lui te promettait plein de belles choses. Alors, tu t'es donnée à lui en croyant qu'il était sincère. Mais tu t'es vite aperçue qu'il profitait de toi, qu'il te trompait avec d'autres filles. Alors, il a déclenché en toi la déception et le mépris. Tu t'es dit : « Est-ce que tous les hommes sont comme ça ? » Tu as développé de la méfiance envers eux. Tu t'es repliée sur toi-même et tu en as fait une dépression, car ta souffrance était mêlée de rage et d'incompréhension. Tu n'avais pas de réponses à tes questions, tu lui souhaitais de souffrir autant qu'il t'avait fait mal.

Et toi, c'est peut-être autre chose que tu as connu. Après deux ou trois ans de mariage, ton conjoint s'est mis à crier et à sacrer après toi, il te traitait de tous les noms. Il a commencé à défoncer les portes et devenait de plus en plus violent. Il lançait des objets pour ensuite te frapper au visage. Puis les coups sont devenus de plus en plus difficiles à supporter. Tu t'en voulais de ne pas avoir eu la force de partir avant. Tu lui en voulais d'être ce qu'il était devenu. Vos enfants ont vécu dans un climat de haine et de violence pendant des années. Toute la famille a été traumatisée. Ce n'est pas drôle de baigner constamment dans la peur ainsi que la violence physique et psychologique.

Peut-être que tu as vécu un abandon, une trahison. Tu aimais un homme, mais un beau matin, il est parti avec quelqu'un d'autre. Tu as eu beaucoup de difficulté à passer à travers cette épreuve. Tu as souvent pensé à mourir. Ton cœur était rempli de vengeance et de rancune. Tu as pleuré longtemps, tu lui en as voulu de t'avoir abandonnée. Tu as donné à cet homme le pouvoir de te détruire. Encore aujourd'hui, tu y penses souvent, et chaque fois des émotions négatives remontent en toi.

Toi, c'est peut-être une copine qui t'a trahie. Elle était jalouse de toi et elle a détruit ta réputation. Ou c'est ta meilleure amie qui a fait quelque chose d'impardonnable : elle a couché avec ton copain. Tu as tellement pleuré, car, de ce fait, tu perdais à la fois l'amitié et l'amour. Depuis ce temps, tu as de la difficulté à reprendre ta vie en main.

Ce type d'expériences est peut-être arrivé à des hommes également. Toi, par exemple, tu étais un jeune garçon et tu avais confiance en ton voisin. Il était gentil avec toi et t'aimait beaucoup. Mais un jour, il a abusé de toi sexuellement. Tu ne savais plus quoi faire et tu ne pouvais en parler à personne. Tu avais honte et peur en même temps. Il t'a menacé et toi, tu as grandi avec cette honte à l'intérieur de toi. Tu te sentais coupable de ces abus. Tu n'as jamais oublié, même si maintenant tu es devenu un homme. Tu es resté amer, tu penses souvent à te venger de tout le mal qu'il t'a fait pendant tant d'années.

Toi, c'était peut-être un entraîneur ou un éducateur en qui tu avais confiance. Ces expériences malheureuses ont développé chez toi de la rancune et du dégoût. Tu avais perdu l'estime de toi. Alors, tu as commencé à prendre de la drogue. Tu étais devenu le mouton noir de la famille. Tes parents ne te reconnaissaient plus, tu avais perdu ton identité.

C'est peut-être autre chose que tu as vécu. Un beau jour, tu es tombé amoureux d'une belle jeune femme. Tu lui as donné le meilleur de toi-même et un jour elle est partie avec un autre. Tu t'es senti trahi, elle venait de te démolir. En plus, tu as dû prendre un avocat pour avoir le droit de voir tes enfants. Depuis ce temps, tu ressens de la haine, un désir de vengeance et de la rancune.

Toi, c'est peut-être ton père qui t'a fait souffrir en partant avec une autre femme. Il t'a laissé tomber, toi qui l'aimais tant. Il ne donne plus signe de vie, il n'appelle jamais. Depuis ce temps, tu prends de la drogue, tu consommes à outrance et tu es en train de te détruire. Tu lui en veux tellement, tu n'as que de la haine pour lui. Ou c'est peut-être ta mère qui est partie avec un autre homme. Elle t'a abandonné, elle ne veut plus de responsabilités. Alors, elle n'appelle jamais, ou presque. C'est toi qui dois t'occuper de tes frères et sœurs. Tu es souvent désespéré, tu pleures, tu lui en veux de t'avoir laissé avec toutes ces responsabilités.

Et toi, peut-être que tes parents parlent toujours en mal l'un de l'autre depuis qu'ils sont divorcés. Ils te font souffrir, ils essaient de démolir l'amour que tu as pour ton autre parent en le dénigrant, en le salissant. Tu dois toujours être le tampon entre les deux. Tu souffres, ton cœur est plein de rage. Tu sais très bien que c'est la vengeance qui les anime. Ils ont oublié qu'ils n'ont pas le droit de te faire souffrir pour leur manque de maturité parentale. Ils le font inconsciemment, mais les faits sont là : tu souffres.

Maintenant, je m'adresse à ceux et celles qui parlent de vengeance. Faites attention à vos pensées, mes amis, car c'est un sentiment qui dépasse tout entendement, c'est une obsession qui envahit le cœur et qui passe par-dessus la raison. La vengeance est un état permanent qui cesse le jour où ce désir a été assouvi. Quand dans votre cœur s'installe ce besoin, méfiez-vous-en !

Cessez d'entretenir cette passion malsaine, car vous allez devenir irrationnel. Lorsqu'on nourrit la haine, la vengeance et la rancune, on souffre d'incompréhension et la vie devient un véritable combat. C'est un fardeau très lourd à porter. On est prisonnier de ses sentiments négatifs comme si on était enchaîné et qu'on traînait des boulets aux pieds. Impossible d'avancer.

Je vous donne la définition du mot «rancune» selon le *Dictionnaire universel* : «Ressentiment du souvenir amer d'une offense reçue. Haine doublée du regret violent d'avoir subi un dommage et du désir de vengeance mêlé d'un dégoût méprisant.»

Voici maintenant la signification du mot «haine» : «Passion qui pousse à désirer le malheur de quelqu'un et à lui faire du mal. Sentiment violent d'aversion, d'antipathie qu'une personne suscite en nous. Véritable passion qui apporte dans l'âme le trouble, l'agitation et le désordre.»

Si on parle de l'âme, c'est qu'il est question d'un sentiment ancré très profondément en nous et qui nous rend esclaves de cette passion. Et la haine engendre la colère. Je retiens cette phrase de Benjamin Franklin : «Tout ce qui commence dans la colère s'achève dans la honte.»

Aucun bonheur n'est possible sans pardon. Quelles que soient les raisons pour lesquelles nous avons empoisonné notre cœur et notre âme, il n'existe qu'un seul et unique remède : le pardon. Plusieurs personnes pensent que les souffrances qui leur ont été imposées sont impardonnables. Peut-être. Mais le pardon est un remède qui nous guérit, nous, pas ceux qui nous ont fait souffrir. C'est un acte d'amour envers nous-mêmes.

Vous vous dites peut-être : « Si je pardonne, ça veut dire que j'excuse ces gestes. Et ça, jamais ! » Moi, je vous dis : vous faites erreur. Pardonner n'excuse en rien les actes de l'autre. Pardonner veut dire me libérer de l'emprise de l'autre, lui enlever le pouvoir de me manipuler, dans mes pensées, dans mon corps et dans mon âme. Pardonner, c'est couper le fil qui nous relie à l'autre. C'est reprendre sa vie en main, refaire de la place dans son intérieur, recouvrer sa liberté.

Le pardon, ce n'est pas faire un cadeau à ceux qui nous ont fait du mal, mais nous faire un cadeau à nous-mêmes. C'est une véritable libération. Le pardon, c'est arrêter de se consumer de l'intérieur, cesser de se faire souffrir, de s'enfermer, de bâtir des murs entre nous et ceux qui nous entourent. Pardonner, c'est se donner le droit à la vie, accepter de ressentir de la joie et de l'amour. C'est s'ouvrir aux autres et sortir de sa propre prison.

Refuser de pardonner, c'est couper les ponts sur lesquels on doit passer soi-même. Pardonner, c'est respirer, c'est regarder la vie avec d'autres yeux. Pardonner, c'est vider son seau plein de la lourdeur du passé pour le remplir de beauté et d'amour. Pardonner, c'est ouvrir les barrières qui nous retiennent prisonniers pour enfin vivre en liberté.

Pour vous sentir en paix, faites l'exercice suivant. Il consiste à regarder à l'intérieur de votre cœur ce qui vous fait souffrir et à voir par qui cette souffrance est arrivée. Je vais vous donner quelques exemples, mais à vous de trouver ceux qui vous conviennent. Découvrez ce qui vous fait mal, reconnaissez votre souffrance, puis accordez votre pardon.

Commencez par dire ces paroles :

Moi, (dites votre prénom), j'accepte de pardonner à (nommez la personne) (précisez le motif ou la situation) :

À mon père : sa violence ;
           son alcoolisme ;
           de m'avoir abandonné ;
           l'inceste que j'ai subi pendant des années ;
           son manque d'amour ;
           son absence ;
           son manque d'encouragement.

À ma mère : son indifférence ;
           de m'avoir abandonné ;
           de ne pas m'avoir protégé ;
           son manque d'amour ;
           son manque d'encouragement ;
           son manque de confiance en moi ;
           la manipulation qu'elle exerce, même si je suis adulte.

À mon ex-conjoint : tout le mal qu'il fait subir aux enfants ;
           son manque de responsabilité ;
           son agressivité ;
           l'utilisation qu'il fait des enfants pour m'atteindre ;
           ses rancunes ;
           de m'avoir trahie ;

À mon ami : d'avoir couché avec ma conjointe ;
           de m'avoir laissé tomber ;
           de m'avoir humilié ;
           de m'avoir influencé ;
           de m'avoir entraîné dans la drogue, l'alcool et le jeu.

À mes parents : de m'avoir placé en foyer d'accueil ;
           leur manque d'amour ;
           leur injustice à mon égard ;
           d'avoir préféré mon frère (ou ma sœur) ;
           de m'avoir déshérité ;
           de ne jamais m'avoir soutenu dans mes projets ;
           de m'avoir mis à la porte lorsque j'avais le plus besoin d'eux.

Lorsque vous aurez terminé de pardonner à ceux qui vous ont fait du mal, il faut continuer la démarche en acceptant de vous pardonner à vous-même tout le tort que vous avez causé aux autres consciemment ou inconsciemment. Souvent, on regarde la paille dans l'œil de son voisin, mais on ne voit pas la poutre qui obstrue le nôtre. Personne n'est parfait, on a tous dit ou fait quelque chose qui a blessé quelqu'un. Moi, mes amis, j'ai vraiment compris que la liberté et le renouveau passent par le pardon de soi.

Faites l'exercice suivant pour vous sentir en paix et libéré :

Moi, (dites votre prénom), j'accepte de me pardonner :

- mon manque d'amour ;
- ma consommation ;
- l'abandon de mes enfants ;
- mon manque de pardon ;
- mon désir de vengeance ;
- ma violence ;
- mes abus ;
- ma dictature ;
- mes vols ;
- mon intimidation ;
- ma colère ;
- mon intolérance ;
- d'avoir fait du tort à… ;
- d'avoir trahi… ;
- ma paresse ;
- mon manque de courage ;
- mon manque d'estime de moi.

Ce ne sont que quelques exemples. Regardez à l'intérieur de vous, prenez quelques moments de réflexion et soyez sincère. Si vous le désirez, notez vos pardons sur une feuille. Ensuite, enterrez-la, brûlez-la ou déchirez-la, mais évitez de la relire : c'est du passé.

Laissez le pardon vous pénétrer, et si vous avez été sincère, vous vous sentirez libéré. C'est une question de temps, cet exercice est le commencement d'un long processus de guérison. Le pardon est la clé du bien-être. Il faut cesser une fois pour toutes de vivre avec le passé. Il faut le vouloir ardemment pour être capable d'avancer, car à force de regarder en arrière, on perd son chemin et on ne sait plus où l'on va. Ayez assez d'amour pour vous pour enfin guérir de cette triste maladie qui a détruit une partie de votre vie. Si vous vous sentez incapable de pardonner, demandez à votre dieu intérieur de vous aider, et ce sera fait selon votre foi.

J'ai vu tellement de merveilleuses transformations dans mes thérapies de groupe lorsque des participants avaient réussi à pardonner sincèrement, du fond de leur cœur. Chacun poussait un grand soupir, comme s'il parvenait enfin à respirer librement. Lorsqu'on accepte de pardonner, on se libère du pouvoir que l'on a donné aux autres. Pardonner, c'est couper le fil qui nous rattache à ceux qui nous ont fait du mal. Accepter de se pardonner, c'est se libérer de sa culpabilité.

Quand notre cœur est habité par la haine, nos ennemis triomphent de nous. Quand il est habité par le pardon, c'est nous qui triomphons d'eux.

Aujourd'hui, je me donne la permission de vivre libre. J'oublie le passé et je regarde vers l'avenir ; je choisis de vivre en pleine possession de mes moyens, avec toute ma lucidité, mon courage et ma force. Je me respecte et je sais maintenant que je suis digne d'aimer et d'être aimé.

Avec le consentement de la personne qui l'a écrite (que nous appellerons Sophie pour conserver son anonymat), j'ai décidé de publier une lettre d'une très grande valeur. Croyez-moi, elle est authentique et intégrale. Seul l'endroit où la rencontre a eu lieu a été omis.

Elle raconte l'histoire d'une famille meurtrie et blessée après le divorce des parents, survenu après trente-cinq ans de mariage. Des enfants se sont retournés contre leur mère, d'autres contre leur père. Ils en sont restés aigris et chacun a évité l'autre pendant presque dix ans. C'est ainsi qu'une famille unie est devenue dysfonctionnelle, pleine de rage, d'amertume, de rancune et de haine. Puis, un jour, Sophie n'en pouvant plus de vivre ainsi, elle décida d'écrire une lettre remplie d'amour à ses frères et sœurs, ainsi qu'à leurs enfants.

J'espère qu'elle vous inspirera à ouvrir votre cœur au pardon. J'ai beaucoup d'admiration pour cette femme et pour son grand amour envers sa famille. Surtout, je la remercie de nous permettre d'être indiscrets en lisant cette lettre très personnelle. Bravo pour ton courage !

Le 14 avril

Bonjour à vous tous,

Dimanche, le 8 mai prochain, ce sera la fête des Mères, et j'aimerais profiter de cette occasion pour vous inviter à venir célébrer tous ensemble ce moment. Cette petite fête sera pour chacun de nous le temps de renouer, le temps de se connaître, le temps de rire, de pleurer et peut-être, qui sait, de recommencer à s'aimer comme il se doit. Et hop! la vie continue, on avance tous ensemble!

Jamais dans ce monde la haine n'apaisera la haine. Jamais parmi les hommes la violence ne mettra fin à la violence. Jamais les blessures ne seront guéries par la vengeance et les représailles. Alors, logiquement, il ne reste que le chemin de la réconciliation, du détachement et du pardon.

Alors, vous êtes tous invités pour le brunch de la fête des Mères, en prenant bien soin d'apporter avec vous votre bonne humeur, votre sens de l'humour, votre sourire, et sans oublier bien entendu le fameux pardon qui devra prendre une grande place dans votre cœur pour que cette journée soit inoubliable et qu'enfin le mot « famille » reprenne tout son sens.

Il paraît que rien au monde ne nous rend aussi grand comme humain qu'une grande douleur. Je pense que chacun notre tour nous avons eu droit à une grande douleur dans cette vie. Alors, je me permettrai de penser qu'il y a une grande personne qui habite en chacun de nous et qui, aujourd'hui, devrait avoir fait un certain cheminement pour que l'on puisse continuer à marcher tous ensemble main dans la main.

Le temps va très vite. La vie est si fragile. On attend quoi pour recommencer à s'aimer et pour vivre le moment présent tout en étant là l'un pour l'autre?

Celui qui attend que tout danger soit écarté pour mettre les voiles ne prendra jamais la mer. Alors, moi, sans savoir si ma petite lettre sera acceptée de façon positive dans votre vie, je mets tout de même mon bateau à la mer et je souhaite de tout cœur, dans un avenir rapproché, faire une croisière en votre compagnie et en n'ayant qu'un seul et unique capitaine : nous tous ensemble.

Votre sœur, votre tante, votre amie,
Sophie

P.-S. — Peu importe votre réponse, qu'elle soit négative ou positive, je demande à chacun d'entre vous le silence complet sur cette petite rencontre pour maman, SVP. (L'espoir fait vivre, mais l'attente fait mourir.)

La rencontre eut lieu et ce fut un réel succès : une famille enfin réunie grâce au merveilleux pouvoir du pardon !

• Quels sont vos objectifs à atteindre cette semaine?

_____

_____

_____

_____

_____

_____

- Pour être libre, vous devez vous libérer des chaînes de votre passé.
- N'ayez pas peur de regarder à l'intérieur de vous : personne n'est parfait.
- Pardonnez-vous et laissez vos boulets derrière vous pour enfin vivre et respirer.

Je vous présente

ma

CONFÉRENCE

LA SÉRÉNITÉ

ONZIÈME CONFÉRENCE : LA SÉRÉNITÉ

*La sérénité se vit beaucoup plus
qu'elle ne se décrit. Elle est une force
qui envahit le cœur, l'esprit et l'âme.*

Richard Lemay

*Comme l'eau qui ne peut refléter clairement le ciel
et les arbres qu'à condition que la surface soit
tranquille, l'esprit ne peut seulement refléter l'être
que lorsqu'il est dans un état de sérénité.*

Indra Devi

Nous sommes presque arrivés au terme de notre voyage. J'espère qu'à travers mes conférences vous avez trouvé le courage de changer les choses qui vous empêchaient d'avoir une meilleure qualité de vie. Vous savez, mes amis, le désir d'être heureux réside en chaque être humain, mais pour y parvenir il faut avoir le courage de poser des gestes au quotidien, d'apprendre à faire face à sa réalité de tous les jours, d'arrêter de vivre avec le passé. Il faut se respecter, changer ses mauvaises habitudes, apprendre à apprécier ce que l'on possède et, enfin, avoir une attitude positive à l'égard de la vie. C'est la seule façon d'obtenir la sérénité.

Plusieurs personnes m'ont posé cette question : « Robert, qu'est-ce que c'est pour toi, la sérénité ? » Je dis que c'est un état de bien-être intérieur, une merveilleuse sensation de calme et de paix. Certains d'entre vous croient, à tort, qu'ils ne seront jamais en paix car leur vie a été un véritable enfer et les conséquences ont été très néfastes tant physiquement que psychologiquement.

Je sais que plusieurs personnes ont beaucoup souffert, mais les témoignages des participants en thérapie de groupe m'ont démontré qu'on pouvait enfin se sentir en paix en pardonnant à tous ceux qui nous ont fait du mal, en acceptant de nous pardonner à nous-mêmes pour le tort causé consciemment ou non, et en étant sincères et authentiques.

Croyez-moi, mes amis, si ces gens ont réussi à trouver la sérénité, c'est qu'ils ont appris à donner un sens à leurs souffrances. Je sais que le pardon n'est pas facile, mais il faut un jour ou l'autre arrêter de traîner des fardeaux qui nous empêchent d'avancer.

Comment faire pour arriver à cet état de bien-être avec la vie d'aujourd'hui, dans un monde aussi troublé, aussi dépendant de la consommation et des biens matériels ? Il faut être capable de s'accrocher aux valeurs fondamentales. Quelles sont-elles ? Je vais vous donner un exemple. Bâtiriez-vous votre maison sur le sable, sans fondations solides, tout en prenant bien soin de choisir des matériaux de grand prix ? Personne ne ferait une telle chose, car on sait très bien qu'à la première grosse tempête cette construction s'écroulerait comme un château de cartes, peu importe la valeur des matériaux. Si on veut que son habitation soit solide, on prendra soin de la construire sur une bonne assise. Alors, elle résistera à toutes les intempéries.

C'est pareil pour nous, les êtres humains. Sans fondations solides à l'intérieur de nous, tout s'écroule aux premiers grands vents. Quelle est cette base que toute personne devrait avoir pour faire face aux tourmentes de la vie ? C'est la foi, sous toutes ses formes : la foi en soi, en la vie, aux autres et, surtout, la foi en Dieu. Ici, je ne vous parle pas de religion. En fait, je n'en traiterai jamais. Pourquoi ? Parce que les religions divisent les êtres humains au lieu de les rapprocher. On tue au nom des croyances !

Mon but est que vous trouviez votre propre Dieu, pour découvrir vos fondations. Je ne sais pas si c'est l'homme qui a créé Dieu ou l'inverse, mais je sais qu'en chaque être humain il y a une part de divinité. C'est pour cette raison qu'il faut respecter chaque personne qui croise notre chemin. Il y a du bon en chacun de nous et ça, je veux y croire. J'ai foi en l'être humain, car il est capable de grandes choses.

Lorsque j'étais jeune, dans les années 1940, on nous faisait tellement peur. On nous parlait d'un Dieu vengeur qui nous envoyait brûler dans les feux de l'enfer si nous étions méchants. Mais j'ai compris que c'était de la foutaise, car le feu, c'est la chaleur de la vie et de l'amour, c'est la passion. Être animés d'un feu ardent, c'est ce qui peut nous arriver de mieux. Or, l'enfer dont on me parlait dans ma jeunesse, c'était le vide, le froid, l'absence d'amour et de chaleur. C'était la solitude et le désespoir. L'enfer, c'est l'absence de Dieu, de foi et d'espérance.

Aujourd'hui, la peur de l'enfer n'existe plus, et c'est très bien. Mais en perdant cette crainte, nous avons aussi tout foutu par-dessus bord, y compris nos fondations. Il faut être capable de revenir à la source, de retrouver la foi que l'on a perdue au cours des années. Pour y arriver, on peut se servir de son imagination. Moi, j'imagine Dieu à ma façon : un feu ardent qui dégage l'amour, la paix, le bien-être ; et son immense chaleur vient réchauffer mon cœur. Pour moi, c'est ça, Dieu. Un jour, j'ai ouvert la porte de mon cœur, de ma maison intérieure. Depuis ce temps, je me sens habité ; maintenant, je sais que je ne serai plus jamais seul.

Demandez aux gens qui ont souffert de solitude, de dépendance à la drogue, à l'alcool, aux médicaments et au jeu, à ceux qui avaient des intentions suicidaires, comment ils ont fait pour s'en sortir. Ils ont demandé à Dieu – à l'image qu'ils s'en faisaient – de prendre leur isolement, leur dépendance et leurs pensées. Ils ont eu la foi et ils se sont laissé habiter par la présence de Dieu. Ils ont ouvert leur porte intérieure, et c'est comme ça qu'ils ont bâti leurs fondations. Toutes les personnes qui ressentent un vide intérieur, qui souffrent dans leurs tripes, qui éprouvent un mal de vivre jusque dans leur âme et qui ne pensent qu'à mourir, toutes ces personnes ont besoin de chaleur et d'amour.

Lorsqu'il nous arrive des épreuves difficiles à supporter, que ce soit la mort d'un conjoint, d'un enfant ou d'un membre de notre famille, une séparation ou un divorce ; lorsque nous perdons notre emploi et que nous n'avons plus d'argent, que nous nous sentons ensevelis sous les dettes ; lorsque nous croyons qu'il n'y a plus rien à faire et que nous nous sentons perdus, souvenons-nous que nous ne sommes jamais seuls, car il est là, il est notre ami. Parlez-lui, il vous aidera. Il prendra votre souffrance et votre douleur. Il vous apportera la chaleur dont vous avez besoin. C'est ça, la foi. C'est croire qu'il y a quelqu'un à l'intérieur, beaucoup plus fort que nous, et que, quoi qu'il arrive dans notre vie, il ne nous abandonnera jamais, il nous supportera toujours. Avoir la foi, mes amis, ce n'est pas juste être convaincu, c'est aussi et avant tout être soi-même une action vivante.

Quand bien même nous posséderions toutes les richesses de la terre, que nos murs seraient couverts de diplômes, que nous aurions lu tous les livres dans le but de devenir meilleurs et que nous aurions appris tout ce qu'il faut savoir sur cette terre, si nous ne mettons rien en appli-cation, tout effort pour apprendre aura été inutile.

Voici un exemple. Imaginez un médecin qui a étudié pendant quinze ans pour devenir le meilleur au monde. Après toutes ces années d'efforts, je crois qu'il a bien mérité de porter le titre de médecin et surtout d'afficher son diplôme. Il peut être fier de lui, car il a tellement travaillé pour y arriver ! Mais imaginez qu'au lieu de mettre en pratique ce qu'il a appris, il décide de passer ses journées à jouer au golf. Ce serait triste, car ce professionnel devrait être à son bureau au moins quelques heures par semaine pour soigner ses patients, être disponible pour eux. Il a appris tant de choses, tant de méthodes pour soulager les malaises physiques et mentaux. Alors, pourquoi autant d'années d'études si rien de tout cela ne sert, s'il ne fait aucune action pour démontrer qu'il est vraiment médecin, pas seulement sur papier mais dans la pratique ?

J'aurais pu choisir comme exemple n'importe quel métier ou pro-fession. L'important, c'est de comprendre que ce n'est pas seulement le savoir qui ennoblit l'homme et qui fait de lui un être exceptionnel, mais aussi les gestes positifs qu'il pose tout au long de sa vie. C'est ça, avoir la foi.

Un jour, on a demandé à un homme qui œuvrait auprès des sans-abri s'il priait, s'il avait la foi, et pourquoi il avait choisi cette vie. Il a répondu ceci : « Bien sûr que je prie, bien sûr que j'ai la foi. Et si j'ai choisi cette vie, c'est pour aider les êtres humains à se sortir de leur solitude. Et pour moi, prier, c'est faire chaque jour de ma vie ce que je dois faire avec amour. Et la foi, c'est croire que je ne suis pas seul à vouloir aider, car à l'intérieur de moi il y a une force inexplicable qui me pousse à poser des gestes positifs et à aider mon prochain, surtout à l'aimer sans le juger. »

Je sais que de nombreuses personnes ne croient en rien. Plusieurs jeunes que j'ai interrogés m'ont dit : « Voyons, Robert, je ne peux pas croire à quelque chose qui n'existe pas ! » Malheureusement, je dois constater le manque de force dont ils font preuve pour affronter certaines étapes de leur vie avec tout ce qu'elle contient de déboires, d'échecs et de désillusions. Il faut avoir foi en quelque chose. Il faut être capable d'aller puiser ses forces à une source pour avoir le courage de poser des gestes, de changer les choses que l'on peut changer et d'accepter ce que l'on ne peut changer, pour vivre en paix et avoir la sérénité.

J'aime la définition de la sérénité, selon Richard Lemay : « C'est les semences que l'on fait dans le jardin des autres, en se rappelant que si on veut y voir de belles fleurs, il faut prendre le temps de voir le beau et le bon en tous. C'est semer tous les jours des pensées, des paroles, des actes positifs, constructifs et bienfaisants. C'est être un appui contre vents et marées, prendre des responsabilités et vouloir être meilleur pour soi et les autres. »

Je dirais aussi que la sérénité, c'est comprendre la souffrance de ceux qui nous entourent. C'est encourager, écouter, être patient devant les contrariétés que la vie nous apporte. C'est être calme, savoir se rendre utile, sourire aux autres avec tendresse, trouver des solutions harmonieuses lorsque arrive la tempête. C'est oublier le mal qu'on nous a fait, pardonner, oublier les rancunes que l'on traîne comme des boulets. C'est la force de bâtir sur du solide et le fait de croire en un monde meilleur. C'est enfin trouver la chaleur et la joie de vivre et remplir le vide intérieur par le grand amour qui nous habite.

Lorsque je me couche le soir, je dis merci à Dieu de m'avoir prêté ma magnifique partenaire de vie. Je lui dis merci pour mes enfants, mes petits-enfants, mes belles-filles, mon frère, mes beaux-frères, mes belles-sœurs et mes merveilleux amis. Je le remercie pour ma santé, de me protéger, ainsi que ma famille et tous ceux que je connais, et même ceux que je ne connais pas. Puis je dors comme un bébé.

Je parle à Dieu comme je le ferais à un ami, car *il est mon ami*. Je sais qu'il me comprend, qu'il veut mon bien-être et qu'il m'aime inconditionnellement. Je peux vous paraître dépassé, mais croyez-moi, sans la foi, l'amour et la paix sont difficiles à trouver.

La sérénité, c'est aussi l'espérance, c'est-à-dire arrêter d'avoir peur de vivre, donner un sens à sa vie, reprendre le contrôle de son intérieur, s'ouvrir aux autres, être fier de soi et des gestes positifs que l'on pose chaque jour. C'est enfin se sentir en harmonie avec la vie.

Si vous vous sentez démuni, désemparé, que vous traversez des moments difficiles, c'est dans de telles situations que vous aurez besoin d'être rassuré. Et c'est spécialement pour vous que je reproduis ici le *Notre Père*. Je ne veux en rien défaire cette prière, mais j'ai une façon bien à moi de la comprendre. Que j'aie tort ou raison, ce n'est pas le but mais le résultat à atteindre qui compte. L'important, c'est de prier avec amour et compréhension.

Voici d'abord la version originale :

Notre Père qui es aux cieux,
Que ton nom soit sanctifié,
Que ton règne vienne,
Que ta volonté soit faite
Sur la terre comme au ciel.
Donne-nous aujourd'hui notre pain de ce jour,
Pardonne-nous nos offenses comme nous pardonnons aussi
à ceux qui nous ont offensés,
Et ne nous soumets pas à la tentation,
Mais délivre-nous du mal.
Ainsi soit-il.

Maintenant, voici ma façon de comprendre cette prière. Vous pouvez y ajouter d'autres mots, mais je vous en suggère quelques-uns. C'est votre prière, dites-la comme vous la ressentez :

Notre Père qui es aux cieux,
Que ton nom soit sanctifié,
— (Pas le mien, mais le tien.)

Que ton règne vienne,
Que ta volonté soit faite
— (Quelle est sa volonté ? Qu'on s'aime les uns les autres.)

Sur la terre comme au ciel.
— (Dans ma tête comme dans mon cœur, remplis-moi d'amour.)

Donne-nous aujourd'hui notre pain de ce jour,
— (Ce n'est pas de la nourriture que je demande. Donne-moi aujourd'hui assez d'amour pour tous ceux qui m'entourent. Donne-moi aujourd'hui le courage de parler avec mon fils ou ma fille. Donne-moi aujourd'hui la tolérance à mon travail. Donne-moi aujourd'hui la patience, la compréhension, la force de ne plus consommer. Donne-moi aujourd'hui le courage de parler avec mon conjoint ou ma conjointe parce que nous deux, on ne se parle plus et notre couple s'effrite. Donne-moi aujourd'hui le goût de devenir un meilleur être humain.)

Pardonne-nous nos offenses comme nous pardonnons aussi à ceux qui nous ont offensés,
— (Pardonne-moi, Seigneur, d'avoir pris tant de temps à comprendre le pouvoir du pardon. J'ai accepté de pardonner aux autres et de me pardonner à moi-même, car toi, tu m'as toujours pardonné.)

Et ne nous soumets pas à la tentation,
— (Aide-moi à ne plus retomber dans mes mauvaises habitudes. Aide-moi à éloigner ceux qui ont une mauvaise influence sur moi. Aide-moi à garder mon calme quand tout va mal.)

Mais délivre-nous du mal.
— (Je ne parle pas de Satan ou du diable. Délivre-moi de *mon* mal : de mon égoïsme, de ma paresse, de ma violence, de ma consommation. Délivre-moi de ma colère, de mon intolérance, de ma dictature, de mes

rancunes. Délivre-moi de mon incompréhension, de mon manque de responsabilité, de mes idées suicidaires, du désir de vengeance, de mon manque d'amour. Oui, délivre-moi de mon mal.)

Ainsi soit-il.
(Ainsi, ma vie sera plus belle et plus harmonieuse.)

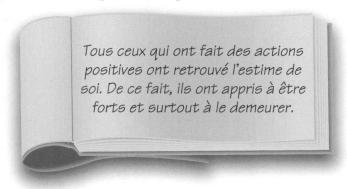

Tous ceux qui ont fait des actions positives ont retrouvé l'estime de soi. De ce fait, ils ont appris à être forts et surtout à le demeurer.

Maintenant, voici un exercice simple pour vous fixer des objectifs à atteindre. Prenez quelques instants de réflexion. Lorsque vous pensez à votre famille, quels gestes positifs devriez-vous poser? Par exemple, vous pouvez répondre: *Je devrais:*

- *Communiquer sincèrement avec elle.*

- *Agir immédiatement avant de tout perdre.*

- *Mettre en application ce que j'ai appris.*

- *Me prendre en main en ce qui a trait à ma consommation et à mes dépendances.*

- *Prendre mes responsabilités face à mes enfants.*

- *Réagir au lieu de me laisser aller.*

- *Retrouver l'estime de moi-même en posant des gestes positifs.*

- *Avoir le courage et la force de changer les choses qui m'empêchent d'être heureux.*

- *Retrouver mes fondations.*

- *Pardonner et ne plus traîner mon passé comme un boulet.*

Si vous avez pris des résolutions, bravo ! Mais n'oubliez pas que ce sont les gestes qui ont de la valeur. En prenant conscience des choses à changer et à améliorer dans votre quotidien, vous venez d'accomplir une chose extraordinaire : vous avez fait un pas en avant parce que vous avez décidé d'être réaliste, de comprendre et d'agir avec amour et détermination. N'oubliez pas qu'il n'y a que l'amour qui puisse construire et rapprocher les êtres humains.

EXERCICE

• Quels sont vos objectifs à atteindre cette semaine?

_____

_____

_____

_____

_____

_____

Apprenez à donner un sens à votre vie : elle doit être avant tout une action, et non une conviction.

Je vous présente
ma
CONFÉRENCE

HOMMAGE
à la
FEMME

DOUZIÈME CONFÉRENCE : HOMMAGE À LA FEMME

C'est avec un extrême respect que je me permets de rendre hommage à la femme. Je soulignerai le nom de certaines femmes, mais croyez-moi, je pourrais saluer des centaines d'entre elles. Mon but est d'exprimer ma reconnaissance et mon admiration à celles qui n'ont pas eu peur de faire changer les choses ainsi qu'à toutes celles à qui on a lié les mains et fermé la bouche.

On a beaucoup écrit et parlé au sujet de la femme, que ce soit dans des chansons, en poésie, dans des films ou encore dans des pièces de théâtre. Je crois qu'on a touché à beaucoup de thèmes la concernant; et pour cause, la femme est et sera toujours le pilier de l'humanité. Je peux vous assurer que c'est un honneur pour moi de souligner cette grande force qu'elle possède et qui lui a permis de relever les grands défis que la vie lui a présentés.

En vingt-cinq ans, plus de 135 000 personnes ont participé à mes thérapies de groupe, et plus de la moitié étaient des femmes. J'ai entendu leurs souffrances, j'ai compris leur détresse, mais j'ai aussi découvert leur grande force. Tellement de femmes ont été battues, violées, écrasées, dominées, ridiculisées, démolies, souvent même par les hommes qu'elles ont aimés. Je crois que les femmes souffrent depuis que le monde existe. Et je me suis souvent posé cette question : pourquoi tant de violence envers elles ?

J'ai essayé d'en découvrir la raison et je pense que j'ai trouvé : depuis la nuit des temps, ce sont les hommes qui prenaient des décisions et qui dominaient le monde. Devant la religion, les gouvernements, les fanatiques du pouvoir et les dictateurs, les femmes ont dû s'écraser, se mettre à genoux et accepter le sort qu'on leur avait réservé. Mais un jour, elles ont compris qu'il était temps qu'elles se lèvent debout et qu'on reconnaisse qu'elles étaient des êtres humains à part entière. Elles ont dû travailler très fort pour prendre leur place.

Je lève mon chapeau très haut à Mme Thérèse Casgrain. Née en 1896, au Québec, dans un monde de pouvoir entièrement masculin, elle s'est taillé une place et toute sa vie elle a participé à des activités politiques. Elle s'est battue pour le droit des femmes. Toutes ses luttes ont marqué profondément le mouvement féministe dans la province. En 1940, enfin, elle a pu crier victoire, car les femmes étaient enfin reconnues et obtenaient le droit de voter. Thérèse Casgrain fut une grande humaniste. Elle est décédée en 1981, à l'âge de 85 ans. Je tenais à rendre hommage à cette grande personnalité, car elle fut pour toutes les femmes du Québec un grand modèle.

Je voudrais aussi souligner la force d'une autre grande dame, Mme Janette Bertrand. Cette femme audacieuse et courageuse a fait tomber nos tabous. Nous étions enfermés dans notre grosse coquille remplie de préjugés, dont l'homophobie. Nos scrupules et notre étroitesse d'esprit nous empêchaient d'être réalistes. Janette Bertrand n'a pas eu peur des mots. Elle nous a montré le chemin vers la liberté, a fait une brèche dans notre isolement et nous a ouvert les portes du cœur, et surtout celles de l'esprit. Madame Bertrand, vous avez été, vous êtes encore et vous serez toujours celle à qui l'on doit la plus grande découverte du vingtième siècle : l'être humain. Merci à vous, je vous admire.

Je voudrais également féliciter toutes celles qui ont su se tenir debout dans la société : politiciennes, juges, avocates, médecins, pompières, mécaniciennes, conductrices de camion lourd, pilotes d'avion, etc. Toutes ces femmes occupent une place importante dans la société. Elles sont aussi devenues chefs d'entreprise. Je voudrais dire bravo à toutes celles qui ont choisi de travailler dans un monde qui ne semblait destiné qu'aux hommes et devenir enfin solidaires et partenaires dans le travail.

Je voudrais aussi rendre hommage à toutes ces mères qui ont abandonné leurs aspirations et leurs rêves pour se consacrer entièrement à leurs enfants et au bien-être de leur famille. Elles ont dû faire face au pouvoir religieux qui leur ordonnait de faire des enfants, d'obéir à l'homme et d'être à son service.

Qui sont ces hommes qui se sont donné le droit de punir les femmes, de les brûler, de les lapider, de les violer, de les battre, de les garder enfermées sous leurs voiles ? Qui sont ces hommes qui se sont voté des lois pour se donner tous les droits, surtout celui de bafouer la femme ? Qui sont ces hommes qui se disent des hommes d'honneur ? Malheureusement, les traditions sont transmises de père en fils. Toutes ces fausses valeurs qui ont rendu l'homme dominateur, autoritaire, irrespectueux au nom de la religion et de Dieu : quelle horreur !

Je ne veux pas accuser tous les hommes, mais il faut bien reconnaître que depuis que le monde est monde, l'homme avait toute la place : celle de décider, de juger, de punir. Il était le chasseur, le pourvoyeur et il possédait tous les pouvoirs. Heureusement, notre société a un peu changé, mais il reste tant à faire. Tous les bouleversements à travers les années ont apporté des transformations évidentes, mais il reste à l'homme à accepter qu'il n'est plus le seul maître en ce monde. Il y a les femmes, les mères, les sœurs, les filles, qui évoluent et qui veulent que ça change.

Il y a tout un monde à découvrir chez elles. Les femmes ont une sensibilité, une intuition, une tolérance et un amour qui dépassent tout ce que l'on peut imaginer. Parce qu'il en a fallu de l'amour et du dépassement pour accepter de s'effacer et de n'être jamais reconnues !

Il ne faut jamais oublier que c'est elles qui donnent la vie. C'est elles qui font naître des papes, des rois, des présidents, des génies, des princes et des femmes comme mère Teresa. Toutes les personnes importantes de ce monde sont nées d'une femme.

La femme est tendresse, patience, force, compréhension et équilibre. Vous me direz que ce ne sont pas toutes les femmes qui possèdent ces belles qualités. Je sais, mes amis, il y a dans notre société des femmes méchantes, mesquines, sans aucun amour pour leurs enfants, autoritaires et dictatrices. Plusieurs ont aussi utilisé leur pouvoir matriarcal sur leurs enfants. Oui, mais moi, je sais que plusieurs femmes sont devenues aigries et dominatrices parce qu'elles ont beaucoup souffert. L'envers de la médaille existe, et si on pouvait voir l'ensemble de leur vie, on comprendrait plus facilement pourquoi elles sont passées de petites filles dociles et obéissantes à des femmes dures et intransigeantes. Souvent, on a tué la flamme qu'elles possédaient en les brutalisant psychologiquement et physiquement. Je ne veux en rien excuser ce genre de femmes, mais j'ai vu et entendu leurs souffrances, et j'ai compris. C'est pourquoi je me refuse à juger.

Je viens d'un milieu où les hommes étaient les rois de la famille. Mon père était l'un d'eux : dominateur, dictateur, moralisateur. C'était lui qui décidait ce que ma mère devait faire et dire. Il se servait de la religion et de Dieu pour utiliser tout son pouvoir masculin. Il prenait tout l'amour de ma mère. Il devait passer en premier, car il était le chef ! Comme il parlait fort, ma mère avait un peu peur de ses réactions. Il ne fallait jamais oser le contrarier ou le défier, car c'est lui qui possédait la réponse et la vérité. Lui seul avait les bonnes solutions.

Je sentais bien que si ma mère nous donnait trop d'amour, ça le rendait furieux. Il disait : « Tu t'occupes plus des enfants que de moi ! » Alors, elle essayait de lui donner toute l'affection qu'elle possédait. J'ai beaucoup souffert de son manque d'amour pour nous. J'ai compris plusieurs années plus tard que ma mère n'avait pas le choix, cette femme devait donner toute la place à son homme.

Aujourd'hui, mon père est décédé. Je lui ai pardonné il y a longtemps, car il n'était que le fruit de l'éducation qu'il avait reçue. Et c'était l'héritage qu'on avait laissé aux hommes. Je sais maintenant qu'il souffrait et qu'il s'est privé toute sa vie d'une partenaire qui aurait pu lui apporter autre chose que l'obéissance. Il a, par pure ignorance, étouffé l'amour naturel, la sensibilité féminine. Il s'est puni lui-même puisqu'il s'est retrouvé seul en haut de son trône.

Au cours des années durant lesquelles j'ai donné des thérapies de groupe, des cours et des conférences, j'ai rencontré par milliers des femmes qui ont souffert comme ma mère, parce qu'elles n'avaient pas le droit de dire un mot, d'exprimer leur opinion. Moi, j'appelle ça de la manipulation psychologique et émotionnelle. Comme j'aurais aimé que ma mère fasse partie de ces femmes qui sont capables de prendre leur place, qui ne se laissent ni écraser ni humilier ! J'aurais voulu connaître cette femme, cette mère épanouie. J'aurais souhaité savoir ce qu'elle pensait, connaître ses aspirations, ses rêves et ses idéaux.

C'est pour cette raison que j'ai décidé d'écrire cette conférence, pour rendre hommage à la femme et à toutes les femmes que nous n'avons jamais connues.

Une femme qui se sent aimée et respectée par son homme, et importante à ses yeux, va faire de lui un roi.

CONCLUSION

Maintenant que vous avez terminé de lire mes conférences, j'aimerais vous dire que si vous désirez améliorer certaines sphères de votre existence, dans les domaines du travail, de la vie familiale ou de la vie amoureuse, allez y : mettez en application ce que vous avez appris dans ce livre. Surtout, n'ayez pas peur de changer les choses que vous pouvez changer. Il ne suffit pas d'atteindre le bonheur, il faut que ce soit un bonheur durable. Et je peux vous affirmer que c'est possible.

Lorsque vous êtes en colère, au lieu d'exploser, changez vos images et allez près de votre lac. Souvenez-vous que l'imagination est un domaine très subtil qui peut parfois déformer la réalité et l'embellir, ou encore vous faire voir la vie comme un enfer. C'est pour cette raison qu'il faut apprendre à garder le contrôle de vos pensées. Et surtout ne laissez jamais l'imagination vous contrôler. Soyez réaliste, posez des gestes positifs, et je peux vous affirmer que votre qualité de vie sera meilleure.

Communiquez avec votre entourage, soyez attentif aux changements chez vos enfants. Parlez avec votre conjoint, faites le point ensemble ; ne soyez pas deux personnes qui s'affrontent dans un ring de boxe et qui, sans arrêt, frappent l'autre en attendant qu'il soit complètement anéanti, démoli, sans aucune estime de lui-même. C'est moche de la part de deux adultes de vivre de cette façon. Parlez-vous sincèrement, n'ayez pas peur d'exprimer vos besoins et vos attentes. S'il n'est plus comme avant ou si vous trouvez qu'elle a changé, c'est normal : vous êtes deux êtres vivants, pas deux images fixes.

Vous avez changé et l'autre aussi, ce n'est plus la personne que vous avez rencontrée il y a dix ans? Vous êtes déçu l'un de l'autre? Je comprends votre déception, mais il y a une façon de se retrouver; il n'est jamais trop tard s'il reste encore de l'amour. Souvenez-vous de mes suggestions: faites des soupers en tête-à-tête et parlez-vous sincèrement. Apprenez à vous reconnaître comme deux individus distincts, élevés d'une façon différente et ayant des valeurs parfois divergentes. Je peux vous assurer que si vous vous donnez une chance en mettant en application mes conférences, votre vie va changer pour le mieux. Qui ne risque rien n'a rien. Fixez-vous de nouveaux objectifs de vie. Ne restez jamais sur un échec; recommencez, soyez créatif et responsable. Tous les gestes que vous poserez durant votre existence auront des conséquences négatives ou positives. À vous de choisir.

Parce que la vie est un choix. Si je tiens à le répéter, c'est pour que cette phrase reste à jamais gravée dans votre mémoire. Pour avoir une meilleure qualité de vie, il faut mettre des bobines de fil de couleurs harmonieuses dans votre métier à tisser, car vous êtes les artisans de votre vie. Souvenez-vous de la terre et du jardinier: si vous semez des carottes, c'est ce légume qui va sortir du sol, et non des navets. Alors, si vous semez du malheur, jamais vous ne récolterez du bonheur et du bien-être; vous allez devoir vous battre toute votre vie pour réussir à être heureux. La vie n'est pas un combat, mais un voyage.

Nous ne sommes pas toujours responsables de notre passé, mais nous sommes les artisans de notre avenir. Je crois que c'est la responsabilité de chaque personne de décider comment vivre. Nous ne devons jamais oublier que nous avons un devoir et une très grande responsabilité envers notre entourage, surtout nos enfants. Soyons de bons guides pour eux en leur enseignant la tolérance, le partage, la droiture, l'intégrité et la souplesse. Montrons-leur ce que c'est d'avoir le courage de se lever devant l'adversité, de faire face à sa vie, d'avoir assez de colonne pour affronter les échecs. Offrons-leur l'amour et la sécurité émotive pour qu'ils soient forts et qu'ils deviennent des êtres de grande valeur. Donnons-leur le goût de l'apprenti-sage et de la réussite. Tout cela pour que, lorsque vos enfants vous regarderont vivre, ils aient le goût de vous ressembler, et que les mots «famille» et «entraide» aient un sens pour eux, même dans un couple séparé. Donnez à vos enfants ce qui manque le plus à ce monde : l'espoir et l'amour.

Apprenez à changer les attitudes et les comportements qui nuisent à votre qualité de vie. Vous le pouvez, car nous avons tous à l'intérieur de nous une grande force qui nous habite. Soyez un meilleur être humain. Relevez la tête, arrêtez de regarder par terre : la vie est droit devant vous, et non à vos pieds. Cessez de vous sentir victime et responsable de tout, ne vous laissez pas influencer par ceux qui se croient meilleurs que vous. Apprenez à apprécier les gens qui vous entourent, dites merci pour ce que vous possédez au lieu de chialer pour ce que vous n'avez pas.

Apprenez à dire non aux influences négatives. Choisissez vos amis, vous en avez le droit. Apprenez à vos enfants à choisir les leurs, car ces amis auront une influence sur eux, négatives ou positives. Donnez des marques d'appréciation à vos enfants, dites-leur souvent : «Je t'aime. Je suis fier de toi. Tu es extraordinaire ! » Ces paroles positives et pleines d'amour font toute la différence dans leur vie.

Apprenez à pardonner, coupez les liens qui vous relient à ceux ou celles qui ne méritent pas de faire partie de vos pensées vingt-quatre heures sur vingt-quatre. Le pardon est un acte d'amour envers soi-même, c'est la liberté du cœur. Ce n'est jamais simple de pardonner, j'en conviens, mais le ressentiment déclenche en nous l'amertume et le dégoût. Comme pour se guérir d'une maladie, il faut du temps et de la réflexion pour accorder son pardon. Pardonner ne veut pas dire excuser les gestes de l'autre ; ça signifie se défaire du mal qui nous habite pour faire de la place à l'amour. C'est ce que je vous souhaite de tout mon cœur.

On a écrit tellement de choses sur le bonheur et la façon de l'atteindre. J'ai remarqué moi-même que lorsqu'on a terminé notre lecture, on veut changer les choses, atteindre ce fameux bonheur dont tout le monde parle. Mais j'ai compris que la souffrance que plusieurs personnes vivent chaque jour ne ressemble en rien au bonheur, et surtout qu'il n'y a pas souvent de solutions pour s'en sortir au quotidien. Je sais par contre que ce sont souvent de petits trucs très réalistes qui fonctionnent.

Que vous soyez seul ou en couple, avec ou sans enfants, quelle que soit la situation que vous vivez, vous trouverez vos propres solutions.

Soyez assuré que votre bien-être ne dépend pas des autres, mais de votre façon de prendre la vie. Ce qui est encore plus important, c'est votre grand désir d'améliorer votre qualité de vie. On a tous le droit d'être heureux, mais souvent on laisse aux autres le droit de nous bafouer, de nous humilier et de nous détruire.

Tant et aussi longtemps que vous vivrez, ne laissez jamais personne éteindre la flamme en vous. S'il vous arrive de tomber, ne restez jamais par terre ; relevez-vous et recommencez à avancer. Vous deviendrez plus fort. C'est la seule façon de se rebâtir et de retrouver l'estime de soi, si facile à perdre et si difficile à regagner. Faites-vous confiance et vous y arriverez.

Ce n'est pas très important si vous avez lu toutes mes conférences d'un trait, sans vous fixer d'objectifs. Vous avez sûrement constaté que ce que je désire avant tout, c'est de vous motiver à changer les choses qui vous empêchent d'être heureux. Mon but ultime en écrivant ces pages était d'aider le plus grand nombre de personnes possible et de les guider vers un meilleur avenir.

Soyez assuré que si vous vous concentrez et que vous vous fixez des objectifs réalistes, vous allez enfin connaître ce bonheur tant recherché.

Merci de m'avoir fait confiance. Je peux vous assurer que, quoi qu'il arrive, je serai toujours fier de vous.

TABLE DES MATIÈRES

Achevé d'imprimer au Canada
sur les presses de Imprimerie Lebonfon Inc.